Reichweite und Grenzen unternehmerischer Verantwortung

Matthias Schmidt

Reichweite und Grenzen unternehmerischer Verantwortung

Perspektiven für eine werteorientierte Organisationsentwicklung und Führung

Springer Gabler

Matthias Schmidt
Berlin, Deutschland

ISBN 978-3-658-13637-6   ISBN 978-3-658-13638-3 (eBook)
DOI 10.1007/978-3-658-13638-3

Die Deutsche Nationalbibliothek verzeichnet diese Publikation in der Deutschen Nationalbibliografie; detaillierte bibliografische Daten sind im Internet über http://dnb.d-nb.de abrufbar.

Springer Gabler
© Springer Fachmedien Wiesbaden 2016
Sämtliche Abbildungen mit freundlicher Genehmigung von © IWU Berlin 2016, Alle Rechte vorbehalten

Gedruckt auf säurefreiem und chlorfrei gebleichtem Papier

Springer Gabler ist Teil von Springer Nature
Die eingetragene Gesellschaft ist Springer Fachmedien Wiesbaden GmbH

Für Daniela

Inhaltsverzeichnis

Abbildungsverzeichnis

Der Autor

 **Prof. Dr. Matthias Schmidt** (1967) lehrt Unternehmens-
führung an der Beuth Hochschule für Technik Berlin. Als
Geschäftsführer und Consultant des Instituts für werteorientierte Unternehmensführung (IWU Berlin) berät er Organisationen bei ihrer strategischen Führung und Entwicklung.
In seiner Forschung und Beratung verbindet er aus einer
systemisch-ganzheitlichen Perspektive politische und gesellschaftliche Herausforderungen mit einem verantwortungsbewussten Management. Schmidt ist einer der Gründer und
Direktoren der Transatlantic Doctoral Academy on Corporate Responsibility (Deutschland, Schweiz, Kanada, Brasi-
lien) und Leiter des Berliner Hochschulforums für Wirtschaft, Verantwortung und
Gesellschaft. Er steht mit zahlreichen Wissenschaftlern und Unternehmern national und
international im ständigen Austausch.

www.iwu-berlin.de

http://prof.beuth-hochschule.de/schmidt

Einleitung: Neue Herausforderungen für zukunftsfähige Unternehmen

Reichweite und Grenzen unternehmerischer Verantwortung? Das ist sicher ein Thema, bei dem viele Menschen schnell den Kopf schütteln. „Bevor wir mit Unternehmern oder Managern über die *Grenzen* der Verantwortung sprechen", so werden sie sagen, „sollten wir ihnen erst einmal klarmachen, dass sie eine *erweiterte* Verantwortung haben, eine Verantwortung, die über das betriebswirtschaftliche Geschehen hinausgeht, eine Verantwortung, die sich auch auf gesellschaftliche Belange erstreckt." Diese Aussage ist selbstverständlich richtig. Und dass Unternehmen in erweiterten Verantwortungszusammenhängen stehen, ist in der Tat eine Erkenntnis, die der Riege von Managern, die tatsächlich noch nach der „alten Schule" ihre Hauptaufgaben in Optimierungs- und Maximierungsstrategien sehen, vermittelt werden sollte. Schließlich existiert keine Organisation im luftleeren Raum. Dennoch darf man auch nicht übersehen, dass die Forderung nach gesellschaftlicher und ökologischer Verantwortung irgendwo auch an Grenzen stößt.

Diese Grenzen der Verantwortung zu finden, ist aber nicht immer leicht, und dies besonders deshalb, weil wir es in den westlichen Industrienationen mit sehr dynamischen und von pluralistischen Wertehaltungen geprägten Gesellschaften zu tun haben. Denn die Beantwortung der Frage, *wofür* man verantwortlich ist, hängt nicht zuletzt stark von den Wertehaltungen ab, die in einer Gesellschaft gelten. An diesen Werten orientieren sich die Denk- und Handlungsweisen unterschiedlichster Gruppen einer Gesellschaft, und diese Gruppen tragen die Werte mit ihren Ansprüchen auch an die Organisationen heran, mit denen sie zu tun oder an denen sie ein Interesse haben. Gerade in einem solchen pluralistischen Gefüge von wechselseitigen Ansprüchen ist es wichtig, auch die Grenzen

© Springer Fachmedien Wiesbaden 2016
M. Schmidt, *Reichweite und Grenzen unternehmerischer Verantwortung,*
DOI 10.1007/978-3-658-13638-3_1

der eigenen Verantwortung klar und mit belastbaren Argumenten zu bestimmen. So kann man sich vor überbordenden Ansprüchen schützen, aber auch – und das ist das zentrale Anliegen einer Corporate Responsibility (CR) – die Sphäre der eigenen gesellschaftlichen und ökologischen Verantwortung, die weit über rein wirtschaftliche Zusammenhänge hinausgeht, definieren.

Jede Art von Organisation, von Unternehmen über Verbände bis hin zu Vereinen oder auch nicht formal organisierten Institutionen, ist zwangsläufig eingebettet in komplexe Zusammenhänge, in denen sie ihren Auftrag, gleichsam ihren Sinn und Zweck, verfolgt. Die Verantwortung eines Unternehmens, die über die rein wirtschaftliche Dimension hinausgeht, resultiert gerade daraus, dass es in solche außerökonomischen Zusammenhänge integriert ist. Diese Zusammenhänge kann man als die Umwelt der Organisation bezeichnen, und in dieser Umwelt verwirklicht sie ihre Lebens- und Zukunftsfähigkeit. Daher ist jede Form der Corporate Responsibility, mit der beispielsweise ein Unternehmen auf die Anforderungen und Veränderungen seiner Umwelt reagiert, immer auch Organisationsentwicklung. Eine richtig verstandene Corporate Responsibility kann ohne eine begleitende Organisationsentwicklung nicht verwirklicht werden. Umgekehrt darf ein umfassendes Change-Management den Blick auf die Verantwortungszusammenhänge, in denen ein Unternehmen steht, nicht verweigern.

Verantwortung zu haben, bedeutet, Antwort zu geben, also etwas zu *ver*-antworten. Dabei hat der Gegenstand der Verantwortung in der Regel eine besondere Brisanz. Neben die herkömmlichen wirtschaftlichen Aspekte, für die die Unternehmensführung verantwortlich ist, um mindestens die berühmte schwarze Null zu erwirtschaften, treten gesellschaftliche und ökologische Aspekte, die in der gegenwärtigen öffentlichen Diskussion besonders relevant sind: Fragen beispielsweise, die den demografischen Wandel, Energie oder Ressourcen, Diversität oder Gesundheit der Belegschaft, das Schaffen oder den regionalen oder globalen Abbau von Arbeitsplätzen oder ganz aktuell die Flüchtlingsdebatte betreffen, um hier nur einige zu nennen. Alle diese Fragen haben gemeinsam, dass sie den Diskurs, den die gesamte Gesellschaft führt, bestimmen. Sie sind sozusagen die Hintergrundfolie, vor der jede Unternehmensführung agiert und Organisationsentwicklung stattfindet. Und da diese Themen je nach den Wertehaltungen, die die unterschiedlichen Diskursteilnehmer vertreten, auch sehr unterschiedlich *be*-wertet werden, kann es keine allgemein verbindliche und für alle Zeiten gültige Antwort auf die aufgeworfenen Fragen geben. Das wiederum stellt die Unternehmensführung vor eine gewaltige Aufgabe: Sie muss ihr Verhalten in Bezug auf diese gesellschaftsrelevanten Themen immer wieder neu *ver*-antworten. In der Debatte zu diesen breit und divers diskutierten Themen werden die unterschiedlichsten Werte ins Spiel gebracht, und auch das Unternehmen selbst vertritt Werte, wenn es an diesem unausweichlichen gesellschaftlichen Diskurs – den ich im Folgenden auch als Societal Discourse bezeichne – teilnimmt und ihn mitgestaltet. Daher ist Organisationsentwicklung und Unternehmensführung immer auch eine werteorientierte Führung, und eine aufgeklärte Corporate Responsibility ist immer auch Organisationsentwicklung.

1.1 Corporate Responsibility

Es gibt eine wachsende Community von Unternehmensethikern sowohl in der Wissenschaft als auch in der Praxis, die sich die Aufgabe gestellt hat, den Managern und Führungskräften von Unternehmen und auch von anderen Organisationen klarzumachen, dass sie in einer gesellschaftlichen und ökologischen Verantwortung stehen. Diese Verantwortung betrifft nicht nur die Region, den unmittelbaren Standort des Unternehmens, sondern auch die globalen Zusammenhänge, in denen ein Betrieb steht. Und: Diese Verantwortung drückt sich in vielen Dimensionen aus, sei es durch Sponsoring-Aktivitäten, sei es durch sonstige unterstützende Maßnahmen, etwa das Schaffen einer Infrastruktur, sei es schlichtweg durch die Schaffung von Arbeitsplatzen. Arbeitsplatze sind ohnehin anscheinend das stärkste (politische!) Argument, das man vorbringen kann. Denn Arbeitsplätze sollen für Einkommen und Wohlstand sorgen – zumindest wenn sie bei uns geschaffen werden. Damit ist die Verantwortung aber noch lange nicht ausreichend bestimmt. Denn unter dem neuen Stichwort Corporate Responsibility – oft auch als CSR, als Corporate *Social* Responsibility, diskutiert – geht es darum, dass Unternehmen in einer mehrdimensionalen Verantwortung stehen. Diese Verantwortung richtet sich zunächst nach innen, auf das Personal: Der Unternehmer ist für seine Mitarbeiter verantwortlich, er muss ihnen ganz elementar die Löhne zahlen und natürlich adäquate Arbeitsplätze bereitstellen; vielleicht ist er auch für die Beteiligung der Mitarbeiter verantwortlich, also ihre Partizipation am unternehmerischen Geschehen und Erfolg. Darüber hinaus geht es, wenn wir bei dieser Perspektive bleiben, auch um Fragen von flexiblen Arbeitszeiten oder geteilten Arbeitsplätzen, um die Frage, ob man von zu Hause arbeiten darf oder nur vor Ort im Büro. Und wie sieht es in der Peripherie des Unternehmens aus? Denn eng mit dem Unternehmen verbunden sind beispielsweise auch die Lieferanten und Kooperationspartner. Auch für sie ist Verantwortung zu übernehmen. So wird von einem modernen, verantwortungsbewussten Management erwartet, dass es seine Lieferkette kennt, dass es weiß, wer welche Produkte unter welchen Bedingungen herstellt: Haben bei der Erstellung von Vorprodukten eines Textilunternehmens beispielsweise Kinder mitgearbeitet? Wie sind die Arbeitsbedingungen? Sind die Mitarbeitenden gefährlichen Schadstoffen und schlechten Umwelteinflüssen ausgesetzt, oder wird bei den Lieferanten unter fairen, menschenwürdigen Bedingungen gearbeitet?

Auch Fragen nach der Energie- und Ressourcenverwendung in den Unternehmen stehen auf der CR-Agenda: Arbeitet das Unternehmen ressourcenschonend? Verwendet es nachwachsende Rohstoffe, oder kauft es Energie und sonstige Rohstoffe einfach nach der Logik des geringsten Preises ein, ohne dabei Rücksicht auf die Umwelt zu nehmen? Und wie sieht es aus mit der Emission von Schadstoffen, mit Abgasen und Abfällen, die durch die Geschäftstätigkeit eventuell die Umwelt belasten? Weiterhin muss man fragen, ob und wie diese Aspekte in der Organisation des Unternehmens verankert sind: Haben sie einen festen Platz in der Verfassung, in den Satzungen, in den Leitbildern und den Verhaltensrichtlinien? Oder sind Themen, die eine erweiterte Verantwortung über das Budget hinaus betreffen, nur dann relevant, wenn wirtschaftlich gerade alles glatt läuft? In welcher Weise sind die Verantwortlichkeiten schriftlich fixiert und für die Mitarbeitenden transparent? Inwieweit ist die Verantwortlichkeit auch verbindlich gegenüber den Stakeholdergruppen, also gegenüber den Gruppen, die von den unternehmerischen Aktivitäten betroffen sind und die Ansprüche und Interessen gegenüber dem Unternehmen haben? Herrscht Transparenz über die Produkte? Wissen die Kunden, wo die Produkte herkommen und wo sie möglicherweise Gesundheitsrisiken bergen? Und wie sieht es aus mit der Verantwortung für die Kooperationspartner? Gibt es ein faires Miteinander? Oder spielt das Unternehmen es aus, wenn es auf der mächtigeren Seite steht? Wie steht es um die Natur, die ökologische Umwelt, in der sich das Unternehmen befindet? Was konkret wird für den Umweltschutz getan? Ist dem Management gar das Stichwort „Biodiversität" geläufig? Und wenn ja, was tut es dafür?

Je transparenter, kritischer und öffentlicher sich ein Unternehmen gibt, je stärker es mit seinen Aktionen und Produkten, aber auch mit seinem Engagement in die Öffentlichkeit tritt, desto stärker wird natürlich auch der Anspruch, den die sogenannten Stakeholder an das Unternehmen adressieren. Und entsprechend werden Fragen gestellt: Warum wird der eine oder andere Aspekt im Unternehmen besonders auffällig betont, und warum anderes gar nicht?

Denkt man in dieser Richtung weiter, ist man rasch im Bereich *globaler* Verantwortung angekommen. Bisher habe ich den Blick nur auf den Nahbereich des Unternehmens gerichtet. Im Fernbereich aber, in einer größeren Perspektive, tauchen neuartige Fragen auf: Ist ein Arbeitsplatz im Inland mehr wert als ein Arbeitsplatz im Ausland? Wie kann man hier Vergleiche anstellen? Handelt ein Betrieb, der die Produktion ins Ausland verlagert, weniger verantwortlich als ein Unternehmen, das sich auf die Fahnen schreibt, bewusst nur in Deutschland zu produzieren, und damit vielleicht am Ende den Kunden auch höhere Preise abverlangt?

Nicht zuletzt: Wie sieht es aus mit der Frage nach dem Umweltschutz? Dass ein Unternehmen die unmittelbare Region „sauber halten" sollte und wahrscheinlich auch möchte, liegt auf der Hand. Was aber ist beispielsweise mit dem globalen Klimawandel? Was kann dazu beigetragen werden, diesen wenn schon nicht zu verhindern, so doch abzuschwächen? Wie sieht es mit den weltweiten Hungerkatastrophen aus? Hat etwa insbesondere die Lebensmittelbranche auch eine Verantwortung für Hungerregionen? Lassen Unternehmen diesen Menschen mögliche Überproduktionen, die sie nicht absetzen können, zukommen? Oder wird Überproduktion vernichtet oder als Tierfutter verkauft? Wäre es denn nicht vorbildlich für verantwortliches Handeln, wenn eben diese Überschüsse in Hungergegenden geschickt würden, wo sie leidenden Menschen das Überleben sichern könnten? Und ganz aktuell: In welcher Verantwortung stehen Unternehmen angesichts der steigenden Flüchtlingsströme nach Europa und insbesondere Deutschland? Sind sie hier moralisch aufgefordert, aktiv zu werden? Was könnte man überhaupt tun?

Hinter dieser langen Liste von konkreten Fragen steht eine prinzipielle Überlegung: Wie weit reicht die Verantwortung eines Unternehmers? Man könnte es auch noch etwas schärfer formulieren: Sind Unternehmer verantwortlich für den Hunger in der Welt, für den Klimawandel, für den Frieden? Und wenn ja, was können sie dafür tun, um diesen dringenden Problemen zu begegnen und sie im Rahmen ihrer Möglichkeiten einzudämmen?

Für die aufgezählten Fragen lassen sich sicher erste Lösungsideen entwickeln. Und wenn Unternehmer das tun, dann in dem Bewusstsein, dass ihre Verantwortung sehr weit reicht und dass sie für mehr verantwortlich sind als alleine für die betriebswirtschaftlichen Kennziffern und – am Ende des Tages – den Gewinn. Aber es tut sich auch zwangsläufig eine andere, ebenfalls prinzipielle Frage auf: Wo liegen die Grenzen dieser Verantwortung? Wofür ist ein Unternehmer *mit guten Gründen nicht mehr verantwortlich?* Die Reichweite der Verantwortung hängt eng mit den Grenzen der Verantwortung zusammen. Mit anderen Worten: Wenn ich die Grenzen meiner Verantwortung bestimmen kann, dann weiß ich sowohl, wofür ich verantwortlich bin, als auch, wofür ich nicht mehr verantwortlich bin.

Ich möchte nicht missverstanden werden: Wenn ich über die Grenzen der Verantwortung schreibe, dann liegt mir nicht daran, Strategien und Wege aufzuzeigen, mit denen man sich aus eben dieser Verantwortung stehlen kann. Es geht mir nicht um Schlupflöcher. Es geht mir, im Gegenteil, gerade darum, die Sphäre der Verantwortlichkeit zu bestimmen und damit aber eben auch klar zu benennen, an welcher Stelle etwa ein Unternehmer für dieses und jenes *nicht mehr verantwortlich* ist. Wenn ich, um ein Beispiel zu geben, eine kleine regionale Bäckereikette betreibe, dann heißt das nicht automatisch, dass ich für Hungerkatastrophen, die sich irgendwo auf der Welt ereignen und die eine ganze Reihe von Ursachen haben können, zuständig bin.

Die Frage nach der Verantwortung für das eigene Agieren stellt sich in den meisten Unternehmen und Organisationen fast zwangsläufig. Mir geht es in diesem Buch darum zu zeigen, wie ich für meine Organisation eine transparente, belastbare und begründete Bestimmung meiner Verantwortung vornehmen kann, sodass ich mich keineswegs meiner Pflicht als Unternehmer entziehe, eine gesellschaftliche und in mancher Hinsicht sicher auch mehr oder weniger globale Verantwortung zu übernehmen. Mein zentraler Punkt ist aber: In dem gleichen Maße, wie ich diese Verantwortung positiv bestimme, kann ich sie auch mit guten Gründen negativ bestimmen, also sagen, wofür ich *nicht mehr verantwortlich* bin. Ist diese Grenze geklärt, kann ich sowohl meine tatsächliche Verantwortung besser wahrnehmen als auch eine Entlastung erfahren, wenn etwa durch Stakeholder, durch zunehmende Forderungen und in kritischen Diskussionen in Wissenschaft, Praxis oder Politik Ansprüche an mich als Unternehmer herangetragen werden.

Werden an ein Management Forderungen und Ansprüche aus einer Sphäre herangetragen, für die es mit guten Gründen nicht mehr verantwortlich sein kann, so kann es ruhig sagen: „Ich habe gute Argumente dafür, dass ich hierfür keine Verantwortung übernehmen kann. An dieser Stelle endet meine Verantwortung." Es mag bisweilen ein persönliches Anliegen sein, etwa eine besondere Form von Umweltschutz zu betreiben oder den Klimawandel als ein speziell relevantes Thema zu verfolgen. Aber mit dem originären unternehmerischen Handeln und Verantworten hat es dann nichts mehr zu tun.

In dem Moment, in dem ich die Grenzen meiner Verantwortung bestimme, bestimme ich zugleich auch ihre Reichweite, die Sphäre meiner Verantwortung, in der ich mich bewege. Wie beispielsweise Wände nötig sind, um in einem Gebäude Räume und Zimmer zu definieren, so kann die Reichweite der Verantwortung nur über ihre Grenzen bestimmt werden. Ich brauche die Grenze dieser Verantwortung, um die Sphäre, den Raum der Verantwortung zu definieren. Erst wenn ich diesen Raum bestimmt habe, kann ich mich als verantwortlichen Unternehmer verhalten und dieses Verhalten auch nach außen mit Argumenten und Begründungen kommunizieren.

Grenzenlose Verantwortung kann es nicht geben. Dies wäre nicht nur eine Überforderung, die Unternehmen und auch einzelnen Personen nicht zugemutet werden kann, sondern die Vorstellung grenzenloser Verantwortung ist prinzipiell nicht denkbar: Verantwortung ist an Subjekte gebunden, im übertragenen Sinne also auch an wirtschaftlich-juristische Subjekte wie Unternehmen oder Organisationen. Verantwortung muss immer klar auf diese Einheit, auf eine Person bezogen sein. Dass aber eine Person oder ein Subjekt grenzenlose Verantwortung, eine Verantwortung „für alles" trägt, wäre eine unsinnige Vorstellung.

Ferner sind die Funktion der Person und ihre Rolle, für die ihre Verantwortlichkeit bestimmt werden soll, entscheidend. Das bedeutet, dass nicht jeder in der gleichen Verantwortlichkeit steht. Die konkreten Verantwortlichkeiten sind individuell unterschiedlich und hängen von zahlreichen Faktoren ab, in einem Unternehmen etwa vom Kerngeschäft, von den Werten, die im Unternehmen gelten, und von den Wirkungen, die durch das Unternehmen insgesamt – ob gewollt oder ungewollt – verursacht werden. Wichtig ist es, die von Personen jeweils selbst bestimmte Verantwortlichkeit mit den Verantwortlichkeiten, die ihnen von außen, von der Gesellschaft zugeschrieben werden, abzugleichen. Denn erst durch den Abgleich der Verantwortlichkeiten, die man sich selbst zuschreibt, mit den Verantwortlichkeiten, die man von außen zugeschrieben bekommt, kann das eigene unternehmerische Handeln legitimiert werden. Mit diesem Abgleich erwirbt sich das Unternehmen seine Licence to Operate. Erwerben meint dabei natürlich nicht, dass ich mir diese Lizenz irgendwo einkaufen könnte; erwerben heißt in diesem Zusammenhang vielmehr, dass ich sie mir durch eine konstruktive und verantwortungsbewusste Auseinandersetzung nicht nur mit meinen Anspruchsgruppen, sondern in einem öffentlichen Verantwortungsdiskurs, dem Societal Discourse, – mit bisweilen anonymen und nicht eindeutig identifizierbaren Teilnehmern – erarbeiten muss.

1.2   Organisationsentwicklung und werteorientierte Führung

Ein Unternehmen ist unweigerlich in die Teilnahme am Societal Discourse eingebunden; es gestaltet ihn mit oder beeinflusst ihn mindestens. Die Teilnahme an diesem Diskurs hängt aber auch eng mit der Entwicklung seiner Organisation zusammen, weil dieser Diskurs kein rein akademisches Gerede ist, das keine Folgen hat; dieser Diskurs ist vielmehr ein dynamisches Geschehen, das sich nicht nur mit Worten, sondern auch mit Handlungen vollzieht. In dem Moment, in dem ein Unternehmen bestimmte Maßnahmen ergreift, mit denen es seiner gesellschaftlichen Verantwortung gerecht werden möchte, schafft es gewissermaßen Fakten, auf die andere Akteure reagieren. Es leistet also einen Beitrag in der gesellschaftlichen Auseinandersetzung mit einem bestimmten Thema oder Themenkomplex. Ob dieser Beitrag positiv oder negativ bewertet wird, ist an dieser Stelle meiner Betrachtung zunächst unerheblich. Vielmehr sind im Sinne der Organisationsentwicklung vor allem zwei (ebenso theoretische wie auch praktische) Aspekte relevant: Das Unternehmen reagiert zum einen auf Werte in seinem Umfeld und setzt ebenso Werte, und zum anderen muss es in einem Geflecht von unterschiedlichen Wertehaltungen, die es in seiner Umwelt vorfindet und in die es eingebunden ist, seine Lebens- und Zukunftsfähigkeit sichern.

Die Überlegungen, die ich in diesem Buch darstellen möchte, beruhen auf Vorstellungen der Systemtheorie, mit denen ich auch Sichtweisen, die einem ganzheitlich-organischen Denken entsprechen, verbinde. Mit diesem Zugang setze ich eine klare Differenz zu einer traditionellen, mechanistischen Denkweise, die im übertragenen, bildlichen Sinne eine Organisation als Maschine begreift, bei der ein bestimmter Eingriff oder eine bestimmte Maßnahme eine klar bestimmbare Folge nach sich zieht. Auch wenn klar ist, dass ein Unternehmen kein Organismus im biologischen Sinne sein kann, ist das Bild des Organismus bei vielen Erklärungen hilfreich. Nicht zuletzt verrät wie so oft auch die Sprache einiges darüber, wie Menschen in Organisationen denken und was sie unter Organisationsentwicklung und Führung verstehen. So zeigen beispielsweise Aussagen wie etwa „Wenn ich nur die richtigen Hebel und Stellschrauben bediene, dann läuft die Kiste wieder" oder auch der stolze Verweis auf die Belegschaft, dass „meine Leute gut funktionieren", dass hier ein Unternehmen aus einem Blickwinkel betrachtet wird, der sehr technisch und mechanistisch geprägt ist. Solche Sätze sind uns in mehr oder weniger deutlichen Varianten bekannt. Ihnen gegenüber stehen Aussagen, die wir in der Regel ebenfalls kennen, die zugleich aber auf ein völlig anderes Verständnis – man könnte auch sagen: auf ein völlig anderes Weltbild –, das meinem Blick auf die Organisation zugrunde liegt, verweisen, nämlich auf ein organisches, ganzheitliches oder systemisches Denken. Von Managern und Organisationslenkern, die von einem solchen Denken geprägt sind, wird man entsprechend eher Aussagen hören wie „Wir arbeiten in einem gesunden, überlebensfähigen Unternehmen". Es liegt, wenn man diese bildliche Sprache im Wortsinne versteht, auf der Hand, dass Maschinen nicht gesund oder lebensfähig sind und umgekehrt Organismen nicht über Hebel und Stellschrauben gesteuert werden können.

Ein weiteres Merkmal dieses ganzheitlichen, organischen Denkens besteht darin – und auch hier kann man wieder die Analogie zu Lebewesen bilden –, dass die Umwelt der Organisation immer mitgedacht werden muss, wenn ich die Organisation betrachte. Ich kann ein Lebewesen nicht ohne sein Milieu, ohne seine ökologische Nische denken, in der es sein Leben aufrechterhält und verwirklicht. Der abstraktere systemtheoretische Denkansatz, der hinter meinen Überlegungen steht, ist mit diesen erklärenden Bildern gut vereinbar, wenngleich natürlich die Zusammenhänge auf der theoretischen Ebene wesentlich abstrakter und komplexer sind, als es diese bildliche Ebene vermittelt. Ohnehin gibt es in der Wissenschaft nicht *die* Systemtheorie, also eine einzige, in sich geschlossene Theorie, sondern es handelt sich um einen breiten theoretischen Zugang, dessen zahlreiche Vertreter durchaus heftig über unterschiedliche Schwerpunkte und Interpretationen streiten. Gleichwohl gibt es bestimmte Aspekte, die im Zusammenhang mit systemtheoretischen Überlegungen immer wieder auftauchen, wie zum Beispiel der System-Umwelt-Bezug, die rekursiven und wechselseitigen Beeinflussungen von Systemen und ihren Elementen, aus denen sie bestehen, der konstruktive Charakter von Wirklichkeit und nicht zuletzt die nicht mögliche Planbarkeit und Vorhersehbarkeit zukünftiger Systeme, um hier nur einige zu nennen. Gerade in der heutigen Zeit, die von dynamischen Veränderungsprozessen und komplexen Zusammenhängen in Wirtschaft und Gesellschaft geprägt ist, scheint ein auf systemtheoretischen Überlegungen basierender Ansatz von Führung und Entwicklung besonders geeignet, die Verantwortung von Organisationen zu erörtern und zu beschreiben.

Wie ein Unternehmen und wie jede andere Organisation kann auch Verantwortung nicht losgelöst von ihren Umständen gedacht werden. Es kommt immer auch auf die Umstände an, in denen ein Unternehmen steht und unter denen eine verantwortliche Entwicklung und Führung verlangt wird. Daher ist es meiner Meinung nach wichtig, die Reichweite und Grenzen der Verantwortung eines Unternehmens immer auch im Zusammenhang mit der komplexen Umwelt, in die es eingebunden ist, zu diskutieren. Und da es keinen Sinn macht, ein Unternehmen losgelöst von seiner Umwelt und ihrer dynamischen Veränderung zu denken, hängt die Frage, wie ein Unternehmen Verantwortung übernehmen kann, immer auch eng mit seiner Organisationsentwicklung und Führung zusammen.

1.3   Der Aufbau des Buches

Im ersten Teil des Buches befasse ich mich mit dem Thema Verantwortung; hier steht der Begriff der *Kernverantwortung* im Zentrum. Mit diesem Begriff will ich die bisweilen sehr breite Verantwortungsdiskussion, die sich in den letzten Jahren unter der Überschrift Corporate Responsibility entfacht hat, fokussieren. Die Kernverantwortung, wie ich sie verstehe, ist gewissermaßen die Grundlage dafür, überhaupt über die Grenzen und die Reichweite einer organisationalen Verantwortung sprechen zu können; andernfalls begeht man den Fehler, entweder die Verantwortung von Organisationen fast ins Unbegrenzte auszudehnen oder umgekehrt kleinste oder falsch verstandene Maßnahmen zu überhöhen und sie sozusagen als Ikonen der eigenen Verantwortlichkeit vor sich her zu tragen. Kernverantwortung als permanenter Balanceakt ist sowohl gebunden an die eigenen Werte, die die Organisationsleitung vertritt, als auch an die Werte, die im breiten gesellschaftlichen Diskurs, in den die Organisation eingebettet ist, verhandelt werden. Dieser Diskurs ist ein vielstimmiger, oft anonymer Chor, in dem die Diversität der Menschen und ihre Pluralität an Werten zum Ausdruck kommen.

Aus der Wertevielfalt entstehen letztendlich ganz verschiedene *Be*-Wertungen der unterschiedlichen Geschäftszwecke, die die Unternehmen verfolgen. Erst wenn die Geschäftstätigkeit eines Unternehmens im Spannungsfeld zwischen eigenen Werten und den Werten der Gesellschaft professionell beurteilt wird, kann eine belastbare und reflektierte Aussage zu seiner Verantwortung getroffen werden. Es ist ein Problem, dass es dabei wegen einer falsch verstandenen, allenfalls persönlich-subjektiven Bewertung häufig zu raschen Vorverurteilungen kommt. So werden beispielsweise Unternehmen aus der Bio-Branche schnell und unüberlegt als grundsätzlich „gut" und umgekehrt Unternehmen aus der Rüstungsbranche als grundsätzlich „böse" dargestellt. Oberflächlich betrachtet scheint es sich hier die Gesellschaft recht einfach zu machen: Es gibt anscheinend saubere und schmutzige Branchen und allerlei Schattierungen dazwischen. Für Unternehmen und Branchen, die in diesen vermeintlich schmutzigen Bereichen arbeiten und die sich – das setze ich voraus – gleichwohl im Rahmen der Legalität bewegen, habe ich die Bezeichnung *Dirty Ethics* gewählt. Ich bin überzeugt, dass es grundlegend falsch ist, solche Unternehmen bei Fragen der Unternehmensverantwortung außen vor zu lassen oder sie per se als unmoralisch zu interpretieren. Wie jedes andere Unternehmen müssen auch Unternehmen oder Personengruppen, die unter die Rubrik der Dirty Ethics fallen, ihre Werte mit dem gesamtgesellschaftlichen Diskurs in eine Balance bringen und mit ihren eigenen Maßgaben und Haltungen in den verhandelten gesellschaftsrelevanten Themen Verantwortung zeigen. Sie grundsätzlich anders zu behandeln als vermeintlich saubere Organisationen, wäre nichts anderes als Heuchelei.

Dieser gesamtgesellschaftliche Diskurs, in den jede Organisation unweigerlich eingebunden ist, bildet die thematische Kulisse für die strategische Entwicklung und Führung. Die Themen und Inhalte dieses Diskurses zu antizipieren und mitzugestalten, ist daher eine bedeutende strategische Herausforderung für das Management. Für diese aktive Teilhabe an der gesellschaftlichen Auseinandersetzung um oft kontrovers diskutierte Themen, die sowohl die Zukunftsfähigkeit der Gesellschaft als auch der Organisation betreffen, verwende ich, wie bereits erwähnt, den Begriff *Societal Discourse*. Ihn gilt es, mit einer eigenen Haltung zu antizipieren und zu managen.

Den Einstieg allerdings in meine Überlegungen zur *Kernverantwortung,* zu den *Dirty Ethics* und zum *Societal Discourse* bilden zwölf Missverständnisse der Corporate Responsibility, über die ich in meiner Tätigkeit an der Hochschule oder im Kontakt mit Organisationen häufig gestolpert bin. Wenn es gelänge, diese Irrtümer darüber, was Unternehmensverantwortung ist, abzulegen, so wäre schon ein großer Schritt in Richtung auf eine wohlverstandene Unternehmensverantwortung gemacht. An meine Beschreibung dieser Irrtümer und ihre eigenen Weisen des Missverstehens schließen sich dann meine weitergehenden Überlegungen zur Reichweite und Grenzen der Verantwortung an.

Im zweiten Teil des Buches befasse ich mich im engeren Sinne mit Organisationsentwicklung und Führung. Dabei gehe ich – wie sich aus meinen systemtheoretischen Grundannahmen ergibt – davon aus, dass Führung in komplexen, dynamischen Umwelten unmöglich ist. Zu einer zentralen strategischen Führungsaufgabe wird es daher, günstige Umstände für die eigene Organisation zu schaffen; anstatt in exakten, klar definierten Zielen zu denken, ist es sinnvoll, mit dem Begriff des *Zielkorridors* zu arbeiten, den ich an dieser Stelle einführe. Dieser Zielkorridor versteht sich als der angestrebte Ausschnitt aus dem Möglichkeitsraum unserer Organisationsentwicklung, also aus der Gesamtheit all derjenigen möglichen Entwicklungen, die sich für eine Organisation innerhalb eines bestimmten Zeitraums denken lassen. Der Zielkorridor ist seinerseits ebenso dynamisch und wandelbar wie die Umwelten, in die wir eingebunden sind. Dabei ist Führung und Entwicklung immer reflexiv und wechselseitig gedacht. Das bedeutet: Veränderungen in unserer Organisation sind die Treiber für Veränderungen unserer Umwelt, wie umgekehrt die Veränderungen in unserem Umfeld immer auch Veränderungen in unserer Organisation auslösen. Beide sind einander Ursache und Wirkung zugleich. Organisationsentwicklung und Führung bedeutet daher immer, sowohl die Organisation als auch ihr Umfeld und die Unternehmensangehörigen zu entwickeln. Die *Befähigung* von Organisationen und Individuen, Veränderungsprozesse wirksam mitgestalten zu können, ist daher eine zentrale Führungsaufgabe. Diese Führungsaufgabe muss immer auf die unterschiedlichen Wertehaltungen der Beteiligten reflektieren, und aus diesem Grund ist sie notwendig immer auch eine *werteorientierte Führung*.

In der abschließenden Zusammenfassung des Buches führe ich die Überlegungen zur Verantwortung und Organisationsentwicklung zusammen, um damit neue Entwicklungsperspektiven einer werteorientierten Führung aufzuzeigen. Unternehmen und ihr gesellschaftliches Umfeld stehen dabei immer in einem reflexiven Verantwortungsverhältnis zueinander. Es macht daher keinen Sinn, das eine isoliert und ohne seine Beziehung auf das andere entwickeln zu wollen. Dabei zeigt sich auch, dass eine werteorientierte Unternehmensführung keineswegs einem wirtschaftlichen Erfolgsstreben widerspricht, sondern diesem sogar zuträglich ist. Trotzdem ist der wirtschaftliche, im engeren Sinne also der monetäre Erfolg nur ein Teil eines wesentlich umfassenderen Erfolgsverständnisses, das sich aus der gesellschaftlichen Wertevielfalt speist. So darf die Suche nach den Grenzen der Verantwortung nicht mit dem Wunsch nach einem Freibrief für ein möglichst unbeschränktes Profitstreben verwechselt werden. Vielmehr geht es darum, mit den Grenzen der Verantwortung ebenso ihre Reichweite zu erkennen; eine Verantwortung, die sowohl gesellschaftlich als auch wirtschaftlich frei ist von Beliebigkeit und die eine verlässliche Basis für zukunftsfähige und im umfassenden Sinne erfolgreiche Unternehmen bildet.

Teil I

Zur Kernverantwortung von Organisationen

Zwölf Missverständnisse der Corporate Responsibility

Ich möchte mich zunächst mit gängigen Missverständnissen und Irrtümern der Corporate Responsibility befassen. Obwohl dieser Begriff und ebenso die gesamte Diskussion um Unternehmensverantwortung mittlerweile weitverbreitet und vielfach in der Unternehmenslandschaft etabliert sind, gibt es oft noch weitgehend Unklarheit darüber, worum es dabei eigentlich geht. Häufig gelingt es einem Unternehmen, auf den ersten Blick den Eindruck zu vermitteln, es übernehme eine besondere Verantwortung. Sieht man allerdings genauer hin und hinterfragt das Geschehen, dann entpuppen sich die ergriffenen Maßnahmen und die dahinterliegenden Vorstellungen von einem gesellschaftlich-ökologisch verantwortlichen Unternehmertum mitunter als wenig fundiert. Häufig werden Maßnahmen schnell vom Zaun gebrochen oder orientieren sich an banalen alltäglichen Moralvorstellungen; doch eine „Moral von der Stange" kann nie eine wirkliche Relevanz für eine reflektierte und verantwortungsvolle Unternehmensführung haben. Und umgekehrt gibt es auch zahlreiche Unternehmen, die in Sachen Unternehmensverantwortung gut bis sehr gut aufgestellt sind, sich dessen aber gar nicht bewusst sind.

Daher möchte ich mich in diesem Kapitel solchen immer wieder auftauchenden, aber nicht tragfähigen Vorstellungen widmen. Sie sind mir in praktischen Beratungen, akademischen Vorträgen, öffentlichen Podiumsdiskussionen und Hochschulseminaren immer wieder begegnet. Und oft genügt es, die Überlegungen etwas weiterzuführen und die zugrunde liegenden Annahmen kritisch zu hinterfragen, um bei den Beteiligten einen Aha-Effekt hervorzurufen.

© Springer Fachmedien Wiesbaden 2016
M. Schmidt, *Reichweite und Grenzen unternehmerischer Verantwortung*,
DOI 10.1007/978-3-658-13638-3_2

2.1   Missverständnis 1: „Ein sozialer Tag zeigt Verantwortung"

Alle Jahre wieder, besonders zu Weihnachten, kann man in vielen Unternehmen oder anderen Organisationen ein besonderes Phänomen beobachten: der soziale Tag, ein Tag, an dem die Belegschaft sich aufmacht, Gutes zu tun. Sie hilft Menschen, die sie für bedürftig erachtet, oder pflanzt Bäume, die anscheinend nur darauf gewartet haben, dass sie endlich jemand pflanzt. Beschäftigte gehen in Kindergärten oder Heime, um denen, für die man sonst keine Zeit und keine Aufmerksamkeit hat, doch wenigstens einmal im Jahr etwas Gutes zu tun und zum Beispiel gemeinsam Plätzchen zu backen. Und dabei wird nicht vergessen, die freudigen Gesichter der Kinder auf eigens dafür gestellten Fotos festzuhalten. Man will zeigen, dass man Gutes tut, und der Aufwand soll natürlich auch nicht umsonst sein, sondern dem Unternehmen bei seiner Außendarstellung dienen. Oft wird eine solche Initiative von Marketing- oder Kommunikationsprofis angestoßen; sie wollen nicht nur ihr Unternehmen bekannt machen, sondern auch darauf hinweisen, was für ein vertrauenswürdiger und verantwortungsvoller Akteur es im wirtschaftlichen und gesellschaftlichen Umfeld ist: Tue Gutes und rede darüber. Ob die Plätzchen am Ende auch schmecken oder ob die Kinder auch im Sommer Unterstützung bräuchten, ist dabei zweitrangig. Wichtig ist die sichtbar gute Tat. Und wichtig ist, dass man selbst definiert, was das Gute ist, zu dem man sich – einmal im Jahr, und nicht ganz ohne Stolz – hinreißen lässt.

Solche Initiativen, ein Tropfen auf den heißen Stein, können sicherlich punktuell gut sein. Doch ich stelle mir die Frage: Was hat dies mit einer wohlverstandenen Corporate Responsibility zu tun? Wäre es denn nicht viel sinnvoller und auch effizienter, wenn sich diejenigen Personen oder Unternehmen, die etwas davon verstehen und das dafür nötige Handwerk gelernt haben, für die genannten guten Taten zuständig fühlten – und zwar nicht nur zu Weihnachten? Sollten nicht lieber gelernte Maler die Wände anstreichen als ungeschickte Manager?

Ich denke, diese ganzen guten Taten sind nicht mehr wert als das Papier der Broschüren oder die Fläche auf der Websites, auf denen sie kommuniziert werden – eine Gewissensberuhigung, ein Alibi dafür, dass man sich den Rest des Jahres nicht um solche Dinge kümmert. Auch hier ist „gut gemeint" noch lange nicht „gut", möglicherweise sogar das Gegenteil davon. Wenn wir im Rahmen unserer unternehmerischen Tätigkeiten tatsächlich für andere, die bedürftig sind, etwas Gutes tun wollen, dann ist es aus Sicht einer professionellen Corporate Responsibility besser, dies systematisch, nachhaltig, effektiv und effizient zu tun.

Konkret meine ich damit: Das Engagement sollte mit den Kernkompetenzen zusammenhängen. Dann erst wird es wirklich glaubhaft, und dann erst ist es ein wirksamer Beitrag zur Verbesserung der Situation. Wenn also ein Malerbetrieb den Bedarf erkennt, dass etwa in einem Obdachlosenheim ein Wandanstrich dringend nötig ist, dann wäre es in der Tat eine wirkliche Verbesserung der Situation, wenn die Fachleute dieses Betriebes im Rahmen ihres sozialen Tages (oder auch ohne besonderen Anlass) die Wände professionell streichen würden.

Wie ich in zahlreichen Vorträgen und Diskussionsrunden erfahren durfte, passt meine Auffassung vielen Managern und Unternehmern nicht so recht. Dennoch bin ich überzeugt: Die Kernkompetenz eines Managers liegt nicht darin, Wände zu streichen. Und ich halte es für Heuchelei, sich im Rahmen eines sozialen Tages darin auszutoben. Es hätte einen besseren Effekt und wäre auch Zeichen eines ernsthaften Verantwortungsbewusstseins, wenn sich Manager auch im Rahmen eines sozialen Tages auf ihre Kompetenzen konzentrieren würden. Sie könnten diesem Obdachlosenheim beispielsweise darin helfen, bestimmte Abläufe zu optimieren, oder es bei der Abwicklung finanzieller oder administrativer Fragen unterstützen. Sie könnten gute Dienste darin leisten, Kontaktnetzwerke aufzubauen oder in ihren eigenen Kreisen zu einem Fundraising aufzurufen. All das sind Dinge, die viel näher am Manageralltag und an den Kompetenzen eines Managers sind, als Wände anzustreichen, Plätzchen zu backen oder Bäume zu pflanzen – ganz egal, wie gut es gemeint ist, und egal, wie gut vielleicht einem Manager selbst der Ausstieg aus seinem Alltag tun mag. Denn das ist nicht die Bezugsgröße, an der eine professionelle und effektive Corporate Responsibility bemessen werden kann.

2.2 Missverständnis 2: „Corporate Responsibility darf nichts mit dem eigenen Geschäft zu tun haben"

Erstaunlicherweise trifft man bei vielen Führungskräften und Unternehmern – ganz egal, wie groß das Unternehmen ist, für das sie verantwortlich sind – immer wieder auf die Vorstellung, dass gesellschaftliches Engagement nichts mit dem eigenen Geschäft zu tun haben dürfe. Dahinter scheint die Überzeugung zu stehen: Gesellschaftliches Engagement und eine aktive Verantwortungsübernahme, die über rein betriebswirtschaftliche Gegebenheiten hinausgehen, dürfen nichts sein, was dem Unternehmen leicht von der Hand geht.

Aber muss das Gute, das man tut, wirklich schmerzhaft sein? Ist etwas nichts wert, wenn es nicht irgendwie weh tut? Man könnte fast meinen, es solle verschleiert werden, dass ein Einsatz für das Soziale mit meinen Kernkompetenzen zusammenhängt, mir leicht von der Hand geht und deshalb vielleicht auch einen geschäftlichen Vorteil bringen könnte. Wenn ich mich mit Unternehmern unterhielt, hatte ich oft den Eindruck, dass viele meiner Gesprächspartner bei der Frage, ob das gesellschaftliche Engagement etwas mit ihrem Geschäft zu tun habe, zusammenzucken, und dies wohl deshalb, weil in dieser Verbindung anscheinend etwas Anrüchiges liegt, für das man sich schämen muss. Doch es verhält sich genau umgekehrt.

Wenn soziales Engagement eines Unternehmens eng mit seinen Kernkompetenzen verbunden ist und damit auch auf sein Kerngeschäft verweist, dann ist doch zu erwarten, dass der Effekt, den diese Mitwirkung in der Gesellschaft hat, wesentlich größer ist als ohne diesen Bezug zu den eigenen Kompetenzen. Und wenn ich aus meinem Engagement tatsächlich einen Benefit für meine Geschäftstätigkeit haben kann, warum sollte es dann weniger wert sein als eine Aktivität, die meine Geschäftstätigkeit womöglich sogar behindert? Tatsächlich kann bei einem wechselseitigen Nutzen von Engagement und Geschäft eine Win-Win-Situation entstehen. Gerade dann, wenn ich nachvollziehbar darstellen kann, dass mein Engagement mehr ist als weihnachtliches Plätzchenbacken im Kindergarten, ist es wirklich glaubwürdig. Um dies wieder an einem Beispiel zu verdeutlichen: Wenn ein Hightech-Unternehmen aus der Sanitär-Branche, das hochwertige Geräte für moderne Badezimmer verkauft, sein Know-how bei elementaren Problemen der Trinkwasserversorgung in trockenen Gebieten Afrikas oder in südamerikanischen Slums zur Verfügung stellt, um Menschen mit dem für sie notwendigen, sauberen Wasser zu versorgen, dann ist ein solches Engagement eng mit den Kernkompetenzen dieses Betriebs verbunden. Ein solches Engagement kann große Wirkung entfalten, und wenn dadurch im Unternehmen selbst Innovationen entstehen, die kommerziell interessante Perspektiven eröffnen, ist daran nichts ehrenrührig.

2.3   Missverständnis 3: „Verantwortung hat mit Emotionalität zu tun"

Ein häufig anzutreffendes Missverständnis ist die Verbindung von verantwortlicher Unternehmensführung mit dem heutzutage inflationär gebrauchten Begriff des „Bauchgefühls". Doch das ist falsch. Verantwortung muss begründet werden können, und die Begründungen für unternehmerische und gesellschaftliche Verantwortung dürfen nicht auf der Basis von flüchtigen Emotionen gegeben werden, sondern sie sollten das Ergebnis ethischer Reflexionen sein, die auch bei Kritik belastbar sind. Natürlich haben wir durch unsere Sozialisierung, durch die Moralvorstellungen, die uns in unserer Erziehung vermittelt wurden, ein *Gefühl* für Richtig und Falsch, für Gut und Böse entwickelt. Das darf keinesfalls unterschätzt werden und gehört ganz unmittelbar und wesentlich zu uns Menschen als körperlichen Wesen. Aber einer umfassenden ethischen Überprüfung wird bloße Emotionalität, eine Argumentation nur auf der Basis eines Gefühls, nicht standhalten. Zwar kann ein gutes Gefühl das Ergebnis einer verantwortungsbewussten Handlung und einer ethisch durchdachten Unternehmensführung sein. Aber der Umkehrschluss gilt nicht: Eine verantwortungsvolle Handlung kann nicht zwingend aus einer bestimmten „Gefühligkeit" resultieren. Das subjektive Empfinden, dass man „zu den Guten gehört", ist kein hinreichender Grund dafür, dass man tatsächlich ein verantwortungsvoller Unternehmer ist, auch wenn man in einer Branche tätig ist – etwa in der Bio- oder der Öko-Branche oder in der Branche erneuerbarer Energien –, die zurzeit moralisches Ansehen genießen.

Unternehmensethik und Corporate Responsibility sind ein hartes Geschäft. Es ist härter als das gesamte Zahlenwerk und die Kennziffern, die im Unternehmen gerne zu den sogenannten Hardfacts gerechnet werden. Denn die grundlegenden Werte, an denen letztendlich Verantwortungsbewusstsein und Verantwortungsübernahme gemessen werden, dürfen nicht beliebig sein. Sie dürfen keine Variablen sein, die von meinen Interessen und meiner Stimmung in einer bestimmten Situation abhängig sind.

Die Werte, an denen ich mich orientiere, müssen bestimmte Eigenschaften haben: Sie müssen grundlegend sein, und sie müssen unabhängig von Zeitströmungen und aktuellen Ereignissen beständig und plausibel sein. Solche unternehmerischen Grundwerte kann ich nur durch einen fundierten Reflexionsprozess fixieren; dabei geht es darum, eine gesellschaftliche und unternehmerische Haltung zu definieren, die mich sowohl in den Kleinigkeiten des Alltags als auch bei meinen grundsätzlichen strategischen Entscheidungen leitet. Nur dadurch kann ich für mein Unternehmen wie auch für mich selbst einen verlässlichen Verantwortungszusammenhang gestalten, der für meine Bezugsgruppen erkennbar ist und im konkreten Fall von ihnen eingefordert werden kann. Wir können freilich stolz sein, wenn wir Energie sparend und damit Ressourcen schonend wirtschaften. Dies gibt uns das Gefühl, dass wir aus diesem Grund besonders verantwortungsvoll unternehmerisch handeln. Doch tatsächlich sagen solche einzelnen Beobachtungen letzten Endes nicht viel darüber aus, ob wir insgesamt ein gesellschaftlich und wirtschaftlich verantwortungsvolles Unternehmen sind.

Eine solche simple Vorstellung von verantwortungsvollem Handeln wird der Komplexität des Problems bei Weitem nicht gerecht. Die Kernverantwortung eines Unternehmens ergibt sich aus dem Zusammenwirken der Kernwerte, des Kernimpacts und des Kerngeschäfts und muss darüber hinaus noch mit den gesellschaftlichen Wertedispositionen abgeglichen werden. Es ist natürlich verlockend, diesen Zusammenhang emotional und mit dem Bauchgefühl erfassen zu wollen. Denn der Vorteil ist klar: Eine solche „Gefühligkeit" reduziert die schwer überschaubare Komplexität des Sachverhalts ganz wesentlich. Aber ein solches „emotionales Modell von Verantwortung" wird nicht ernsthaft und beständig funktionieren. Das bedeutet dennoch nicht, dass in unsere Werte und Überzeugungen nicht auch grundlegende Gefühlsdispositionen, die wir Menschen als körperliche Wesen haben, mit eingehen. Aber diese persönlichen Dispositionen, wie etwa Angst, Unsicherheit oder Selbstüberschätzung, liegen auf einer anderen Ebene als die wechselhaften Emotionen, die unsere wohlige Gefühligkeit auslösen, wenn wir glauben, etwas „wirklich Gutes" getan zu haben.

2.4   Missverständnis 4: „Wertschätzung erlaubt keinen Widerspruch"

Neben dem „Bauchgefühl" ist das Schlagwort der „Wertschätzung" hoch im Kurs. Doch was ist eigentlich damit gemeint? Geht es darum, eine andere Person in ihrer Würde zu achten und als Person zu respektieren? Oder liegt auch hier eine bestimmte Emotionalität vor, bei der wir den Anspruch erheben, besonders rücksichtsvoll miteinander umzugehen und gewissermaßen zu allem Ja zu sagen, um den anderen nicht zu verletzen? Immer wieder trifft man auf Vorwürfe, in denen mangelnde Wertschätzung

kritisiert wird: „Wir hatten doch bisher immer so einen wertschätzenden Umgang!"
oder: „Wo ist denn nun Ihre Ethik?", heißt es dann. Und kurioserweise treten derlei
Vorwürfe, die eine vermeintlich mangelnde Wertschätzung einklagen wollen, oft gerade
dann auf, wenn eine Konfliktsituation entsteht und man nicht geneigt ist, die Position
des anderen einzunehmen. Doch zu versuchen, jemanden umfassend zu verstehen und
alles, was er äußert, in vorauseilender Wertschätzung besonders wertvoll zu finden, ja,
seine Vorstellungen auch unbedingt in die eigenen Entscheidungen und Vorhaben zu
integrieren – all das geht weit an einem vernünftigen Begriff von Wertschätzung vorbei.

Wertschätzung nicht mit Harmonie verwechseln

Indem ich eine Person wertschätze, und das heißt: sie als einen Wert an sich verstehe,
und anerkenne, dass sie zu eigenständigen Entscheidungen und Handlungen fähig ist,
muss ich sie auch als eigenverantwortliche Person achten. Ganz konkret: Ich akzeptiere
es, wenn diese Person Entscheidungen trifft und ihre Vorstellung durchsetzen möchte.
Doch in einem reziproken Verhältnis gilt das ebenso für mich. Auch ich habe meine
Vorstellungen und – hoffentlich begründeten und argumentativ belastbaren – Positionen.
Wertschätzung bedeutet, dass ich meinem Gegenüber zugestehe, eigene Werte zu haben,
die für es handlungsleitend sind. Es bedeutet aber nicht, dass ich diese Werte und die
daraus resultierende Haltung meines Gegenübers für gut befinden muss. Es kann sein,
dass ich zu einer solchen Einschätzung komme, aber es muss nicht sein. Genauso gut,
wie ich die Werte einer anderen Person befürworten kann, kann ich die Person mit ihren
Werten ablehnen. Und ein entscheidender Aspekt der wohlverstandenen Wertschätzung
liegt darin, dass ich auch akzeptieren muss, wenn andere mich wegen meiner
Wertevorstellungen ablehnen.

Wertschätzung ist also kein „Schönwetterkonzept", bei dem idealerweise alle in
vollendeter Harmonie dieselben Werte teilen oder die Werte anderer besonders schätzen.
Oberflächlich kann ein solch harmonisches Miteinander vielleicht phasenweise
funktionieren, wenn man ein bestimmtes, anscheinend positiv konnotiertes Bild von
sich nach außen darstellen möchte. Belastbar ist ein solches Konzept aber sicher nicht.
Wie weit wohlverstandene Wertschätzung tatsächlich trägt, zeigt sich dann, wenn es
zu Konfliktsituationen kommt, wenn man erkennt, dass man „ehrlich gesagt" nichts
miteinander zu tun hat und auch nicht haben will – sei es im beruflichen oder im privaten
Leben, sei es zwischen Personen oder Unternehmen.

Wertschätzung ist keine Emotion, sondern Wertschätzung bezeichnet
eine Haltung. Je besser ich um meine eigenen Wertevorstellungen und
Verantwortungszusammenhänge weiß, desto besser kann ich eben diese bei anderen
einfordern oder akzeptieren. Es mag paradox klingen, aber es kann ein Ausdruck der
besonderen Wertschätzung, der Akzeptanz einer anderen Person oder eines anderen
Unternehmens sein, wenn ich es deutlich zur Verantwortung ziehe. Man könnte
demnach sogar sagen: Wenn bestimmte Stakeholdergruppen ein Unternehmen sehr
genau unter die Lupe nehmen und kritisch nachhaken, dann kommt gerade darin
zum Ausdruck, dass man dieses Unternehmen besonders ernst nimmt, ihm also einen

besonderen Wert beimisst. Ob andere diesen Wert teilen, ob die jeweils Beurteilenden diesen Wert positiv oder negativ sehen, tut in diesem strukturellen Zusammenhang zunächst einmal nichts zu Sache. Umgekehrt kann man sogar sagen: Wenn das Fehlverhalten eines Unternehmens nicht sanktioniert würde, könnte dies Ausdruck einer mangelnden Wertschätzung sein. Es mag diesem Unternehmen sehr zupasskommen, wenn es mit möglicherweise dubiosen Aktionen unbeschadet durchkommt; es zeigt sich aber darin auch, dass es nicht hinreichend ernst genommen und mithin – im Wortsinne – nicht wertgeschätzt wird.

Einen Wert schätzen

Das Gleiche gilt auf der persönlichen Ebene, im Umgang mit Mitarbeitern oder Kooperationspartnern. Wer auf dieser Ebene Widerstand oder die Ablehnung eines Anliegens als mangelnde Wertschätzung bezeichnet, wohl um mit erhobenem moralischen Zeigefinger die eigene Argumentation zu untermauern, hat nicht verstanden, worum es wirklich geht. Wenn man in eine solche Situation kommt, tut man gut daran, sich nicht auf dieses psychologische Spielchen einzulassen. Denn mit Unternehmensethik und Verantwortungsbewusstsein hat es nicht das Geringste zu tun. Mag auch ein Geschäftspartner die Frage stellen: „Wo ist denn nun Ihre Ethik?", weil man ihm klargemacht haben, dass man bestimmte Regelungen so nicht akzeptiert oder ihn gar zur Verantwortung zieht, weil er mit fragwürdigen Praktiken versucht, seine Interessen durchzusetzen, so ist dennoch diese Moralkeule hier fehl am Platz. Denn dadurch, dass man ihn beispielsweise wegen einer Machenschaft zur Verantwortung zieht und bei bestimmten Dingen nicht mit ihm mitgeht, zeigt man Wertschätzung, sowohl dem Geschäftspartner gegenüber als auch – und das darf dabei nicht vergessen werden – gegenüber sich selbst. Wertschätzendes Verhalten liegt hier deshalb vor, weil gleichermaßen alle als verantwortungsfähige und mündige Personen behandelt werden, die für ihre Entscheidungen und Handlungen einzustehen haben.

Nicht immer macht also der Ton die Musik, sondern die Haltung zu einem Sachverhalt und die daraus resultierende Bewertung der Zusammenhänge. Man könnte demnach, um im Bild zu bleiben, sagen: Es kommt nicht auf den Ton, sondern auf die Komposition an. Ein freundlicher, sanftmütiger Ton auf der Basis einer falschen Gesamtkomposition hat für sich keinen ethischen Wert. Allemal besser wäre gar ein schräger und dissonanter Ton auf der Basis einer guten Komposition.

Wertschätzung ist die Anerkennung anderer als Andere, und von ihnen erwarte ich dasselbe mir gegenüber. Wertschätzung hat aber nichts mit einer pauschalen guten Bewertung oder einem vordergründig gütigen, vorauseilendem Entschuldigen der Ansichten und Handlungen anderer zu tun. Wertschätzung bedeutet, Maß zu nehmen und daraufhin im wahrsten Sinne des Wortes „einen Wert zu schätzen". Und zwar ohne den anderen dabei einerseits in seiner Würde anzutasten und ohne ihn und seine Einstellungen andererseits unantastbar auf einen Sockel zu stellen aus Angst davor, ihm ein Zuwenig an Wertschätzung zukommen zu lassen.

2.5   Missverständnis 5: „Werte schaffen Mehrwert"

„Werte schaffen Mehrwert" – das dürfte wohl einer der beliebtesten Tagungstitel sein, wenn es um ein Thema aus dem Bereich der Unternehmensethik geht. Oft wird der Titel auch als Frage formuliert, bei der suggeriert wird, dass es zwingend sei, diese Frage auch mit einem Ja zu beantworten. Die Argumentationskette verläuft meistens in etwa so: Wenn wir bestimmte (moralische) Werte im Unternehmen vertreten und leben, sind unsere Mitarbeiter besser motiviert und die Kunden bringen uns mehr Vertrauen entgegen. Folglich steigt unsere Reputation und damit wächst selbstverständlich unser Erfolg.

Doch es stimmt etwas nicht an dieser Argumentation, so plausibel sie vielleicht auf den ersten Blick sein mag und so gerne man sie wahrhaben möchten. Wer behauptet, dass er ein Unternehmen mit Werten zum Erfolg führt, sollte zunächst einmal benennen, welche Werte eigentlich gemeint sind. Ein Wert ist zunächst einmal nichts anderes als ein Niveauunterschied zwischen zwei Größen, die man vergleicht. Einen *alleinigen,* einen absoluten Wert, der nur für sich selbst steht, kann es nicht geben. Wenn man dennoch von einem solchen absoluten Wert spricht, der in einem Unternehmen nicht infrage gestellt werden kann, dann denkt man implizit – wenn auch nicht unbedingt bewusst – einen Unterschied mit: Der absolute Wert ist anderen Werten von sich aus immer vorzuziehen. Gäbe es keine anderen Werte, würde ein absoluter Wert keinen Sinn machen. Er hat für sich keine Aussagekraft. Ein absoluter Wert, ohne Blick auf die anderen Werte, denen er überlegen ist, ist nicht zu halten und daher für sich genommen im Grunde nichts wert.

Von welchen Werten spricht man also? Zunächst liegt es auf der Hand, an die monetären Werte zu denken, beispielsweise den Unternehmenswert, den Shareholder-Value. In diesem Sinne würde der Erfolg, der besagte Mehrwert, den man sich erhofft, im Unternehmenswert liegen. Ganz simpel könnte man daraus schließen, dass grundsätzlich ein Mehrwert entsteht, wenn man den Unternehmenswert steigert. Das klingt wie eine Tautologie, ein Satz, der immer wahr ist: Mehr Geld ist mehr wert. Beim Nachdenken über Corporate Responsibility indes dürfte man zu dem Schluss kommen, dass etwas anderes als der übliche Shareholder-Value gemeint ist.

Allenfalls könnte der „durch Werte gesteigerte Mehrwert" im Hinblick auf das Ergebnis gemeint sein, etwa wenn wir davon ausgehen, dass das Verfolgen moralischer oder ethischer Werte letzten Endes zu einer Steigerung der monetären Werte und des Shareholder-Value führt. Das wäre dann eine Erweiterung der elementaren Logik des Anfangsbeispiels, etwa nach dem Motto: „Steigere Deine Reputation und steigere das Vertrauen der Kunden in das Unternehmen, und der monetäre Erfolg stellt sich ein".

Es ist ein dritter Fall denkbar, der mit der Logik „Werte schaffen Mehrwert" vereinbar ist: Die Berücksichtigung von ethischen Werten schafft einen Mehrwert wiederum in ethischer Hinsicht. Je ethischer oder moralischer wir uns in unserem Unternehmen verhalten, desto größer ist der ethische oder moralische Benefit – und zwar ungeachtet seiner ökonomischen Relevanz.

Und last, but not least, wäre es sogar denkbar, dass monetäre Werte die ethischen Werte steigern. Mit anderen Worten: Mit Geld kann man die Welt verbessern. Es geht aus wirtschaftlicher Sicht darum, möglichst viel Profit zu machen, um dann mit dem erwirtschafteten Geld Gutes zu tun. Diese Logik findet sich beispielsweise oft dann, wenn Unternehmen in größerem Umfang Spenden machen. Ein ähnliches Konzept steht auch oft hinter Unternehmensstiftungen; sie zeigen sichtbar nach außen, wie sehr man sich für das Gute, die Steigerung ethischer und moralischer Werte, einsetzt, und zudem ist es eine gute Gelegenheit, auch den Namen des Stifters elegant in die Öffentlichkeit bringen. Auch hierin zeigt sich die Verquickung zwischen monetären und ethischen Werten – und oft genug die Verlagerung wesentlicher Verantwortlichkeiten des Unternehmens in die Stiftung.

Mit dem Statement „Werte schaffen Mehrwert" ist also zunächst noch nichts Substanzielles gesagt und es sind viele kausale Beziehungen zwischen den verschiedenen Werten konstruierbar. Ob in dieser Konstruktion auch eine faktische Kraft liegt, ist aber nicht ohne Weiteres bewiesen. Schon gar nicht lässt sich eine lineare und funktionale Verbindung zwischen ethischen und monetären Werten herstellen. Entscheidend dafür, ob die Behauptung „Werte schaffen Mehrwert" stimmt, ist letztendlich das Bezugssystem, innerhalb dessen wir uns bewegen und unsere Beurteilungen vornehmen.

2.6   Missverständnis 6: „Erfolg ist eine rein geldwerte Größe"

Eine ganz zentrale Größe in unserem Bezugsrahmen ist der Erfolgsbegriff. In dem Moment, in dem wir Erfolg für uns als eine monetäre Größe definieren, die an finanziellen Kennzahlen messbar ist, stellt sich immer die Frage nach der Funktionalität: Sind die Werte einer Erhöhung unseres geldwerten Umsatzes zuträglich? In diesem Fall bewegen wir uns im Rahmen einer schlichten betriebswirtschaftlichen Denkweise, einer Optimierungslogik.

Erfolg *muss* aber nicht in Dimensionen betriebswirtschaftlicher Kennzahlen verstanden werden. Erfolg hängt eng mit den grundlegenden Werten zusammen, an denen ich mich orientiere, um die Richtung zu bestimmen, in die ich gehen möchte; von den Werten leite ich diejenigen Ziele ab, die mir wichtig und erstrebenswert sind. In diesem Verständnis von Erfolg kann ich sehr erfolgreich sein, ohne wirtschaftlich ertragreich zu sein. Denn es geht in diesem Falle um die Realisierung einer bestimmten wertebasierten Idee; es geht um ein Ideal, das ich verfolge. Und bei dieser Logik muss ich nicht nur von außerökonomischen Zusammenhängen ausgehen, in denen ich mich bewege, sondern ich kann genauso gut mein Unternehmen an diesen Idealen – die eben gerade nicht den wirtschaftlichen Optimierungsvorstellungen folgen – orientieren und entwickeln. Mein Wirtschaften folgt in diesem Fall einer anderen Logik. Dass ich am Ende des Tages mindestens meine Kosten und meine Lebenshaltung erwirtschaften muss, steht außer Frage; doch auf welchem geldmäßigen Niveau dies erfolgt, ist letztendlich eine Sache meiner Wertevorstellungen. In diesem Sinne kann ich also ein sehr erfolgreicher Unternehmer sein, ohne dabei mit meinen Kennziffern zu glänzen. Denn das Erfolgskriterium ist ein anderes.

Die Gefahr liegt lediglich darin, dass man aus der Not eine Tugend macht und die Zusammenhänge verkehrt: Wenn ich nämlich meinen beständigen wirtschaftlichen Misserfolg damit rechtfertige, dass ich ein anderes Wertekonzept und damit einen anderen Erfolgsbegriff verfolge, dann ist das nichts anderes als eine hoffnungslose Rationalisierung der Zusammenhänge; ich würde mich selbst belügen. Wenn aber mein Erfolgsbegriff, der wesentlich auch von außerökonomischen Werte und Annahmen geprägt ist, stimmig in mein sonstiges Lebens- und Anspruchskonzept eingebettet ist, dann kann ich jenseits der gängigen Erfolgsvorstellungen ein außergewöhnlich erfolgreicher Unternehmer sein, der in Übereinstimmung mit seinen Überzeugungen lebt und wirtschaftet.

2.7   Missverständnis 7: „Corporate Responsibility kann man messen"

Was genau ist denn nun Erfolg? So einfach lässt sich das gar nicht sagen. Erfolg hängt sehr stark mit den eigenen Wertehaltungen zusammen und muss daher beurteilt werden. Und genau hier liegt ein großes Missverständnis der gesamten Debatte um Corporate Responsibility. Ganz in der klassischen ökonomischen Logik versuchen Unternehmen, insbesondere Großunternehmen, ihre unternehmerische Verantwortung und ihre Unternehmensethik zu messen. Doch genau das muss schiefgehen. An dieser Stelle sitzen viele einem Trugschluss auf, weil sie die Umstände verkehren. Damit meine ich das Verhältnis von Hardfacts zu Softfacts.

Wenn in vielen Unternehmen ganz selbstverständlich über sogenannte Kompetenzen gesprochen wird, die aus weichen Faktoren, den sogenannten Softfacts, hervorgehen, etwa im Bereich der Mitarbeiterführung oder im großen Bereich der Unternehmenskultur, so spielen diese Softfacts doch im weithin gelebten unternehmerischen Alltag gegenüber den klassischen Hardfacts (vereinfacht ausgedrückt: gegenüber dem Zahlenwerk) eine vergleichsweise untergeordnete Rolle. Nach wie vor wird so getan, als ob die Zahlen die Realität hinreichend abbilden würden. Denn unterm Strich – so eine weitverbreitete, aber meines Erachtens nicht ohne Weiteres richtige Annahme vieler Manager – sollen doch die Zahlen stimmen.

Aber genau diese schlichten Zusammenhänge stelle ich infrage. Selbstverständlich muss am Ende des Tages so viel eingenommen sein, dass die Kosten gedeckt sind. Ich brauche also mindestens eine schwarze Null und genügend Liquidität: Ich muss mein Unternehmen am Laufen halten können. Damit haben aber fürs Erste die Zahlen ihre Schuldigkeit getan, weiter jonglieren muss ich jetzt erst einmal nicht. Wenn ich wirklich weiß, was ich will, dann sind all die Dinge, die noch dazukommen – sei es nun etwa kreative Buchführung oder Bilanzpolitik – ein Zusatz zur Effizienzsteigerung, aber ganz sicher sind sie kein Selbstzweck.

Falsch verstandene Hardfacts

Dennoch wird oft so getan, als ob bestimmte Zahlen, die wir uns doch letztlich selbst vorsetzen, eine harte Realität seien, an der man sich unbedingt auszurichten habe, als seien diese Zahlen und die Logik, der sie unterliegen, die absoluten Hardfacts, an denen wir nicht vorbeikommen. Wenn die Zahlen stimmen, so scheint es, ist der Laden in Ordnung und gesund. Erst dann kann man anfangen, sich mit den Softfacts zu befassen. Sie versüßen, sozusagen als das Sahnehäubchen obendrauf, das starke, harte Gebilde, das auf Zahlen fußt und einer harten Rationalität folgt.

In diesem Verständnis von Unternehmensführung liegt aber ein Denkfehler, der eng mit meinen Überlegungen darüber zusammenhängt, was Erfolg eigentlich ist. Die Zahlen und das ganze Zahlensystem können immer nur so gut sein, wie es die grundlegenden Annahmen sind, die von diesen Zahlen repräsentiert werden. Wenn ich also ganz klassisch, etwa im Sinne eines Shareholder-Value-Denkens, versuche, Strategien in Zahlen auszudrücken und also künftige Erträge und Kosten auf heute beziehe, um damit den Wert von Strategiealternativen auszudrücken, dann mag dies eine saubere mathematische Rechnung sein. Aber die Zahlen repräsentieren am Ende doch nur Annahmen, die ich selber getroffen habe und in das Rechnungssystem einfließen lasse. Und in diesen Annahmen stecken – wie könnte es auch anders sein? – letzten Endes meine Wertehaltungen und Überzeugung. In dieser harten Logik weitergedacht, heißt dies am Ende nichts anderes, als dass die Hardfacts auf sehr weichem Boden stehen. Nur: Dieser weiche Boden wird allzu oft ignoriert. Man tut häufig so, als gäbe es eben nur diese harten Fakten, als würden sie die einzig mögliche Möglichkeit abbilden und auf sich selbst gründen.

Doch das Gegenteil ist der Fall. Die eigentlichen Hardfacts sind die grundlegenden, zunächst einmal nicht-ökonomischen Faktoren, auf denen alle weiteren Annahmen gründen. Gerade in diesen Wertehaltungen unterscheidet sich das unternehmerische Verständnis. Sie sind es, die das Unternehmen grundlegend definieren; sie bilden die eigentliche harte Basis, auf der das Unternehmen aufgebaut wird. Die herkömmlichen Hardfacts sind also nichts anderes als die von den grundlegenden, vermeintlichen Softfacts abgeleiteten Zahlen, Vorschriften und Regelungen, die die Organisation strukturieren sollen. Zugespitzt kann man formulieren: Die ganzen Hardfacts können immer nur so gut sein wie die Softfacts, die als Grundannahmen in die Definition der Hardfacts einfließen. Daher behaupte ich auch, dass die ethischen und moralischen Grundfesten eines Unternehmens die eigentlichen, wirksamen Hardfacts sind, aus denen dann alles andere, auch das Zahlenwerk, abgeleitet wird. Die Zahlen sind also nur anscheinend so hart, wie man immer vorgibt. Die weitverbreitete betriebswirtschaftliche Ausbildung und das dabei vermittelte Verständnis von richtigem Wirtschaften und von effizienter Unternehmensführung lässt leider die notwendige Reflexion auf diese

Grundannahmen außen vor und gibt ein vermeintlich allgemeingültiges ökonomisches Prinzip des Wirtschaftens vor. Erst dadurch konnte es dazu kommen, dass sich die vermeintlichen Hardfacts quasi verselbstständigt haben.

Beurteilen, nicht messen

Genau aus dieser Verkehrung der Zusammenhänge entsteht das Problem, das Unternehmen haben, wenn sie versuchen, das unternehmerische Engagement, das über rein betriebswirtschaftliche Zusammenhänge hinausgeht, zu messen und zu dokumentieren. Es liegt gerade im Wesen der außerökonomischen Grundlagen des unternehmerischen Wirtschaftens, dass sie selbst nicht innerökonomisch messbar, also nicht einfach in Zahlen auszudrücken sind. Unternehmerische und unternehmensethische Verantwortung und damit auch die Aktivitäten im Rahmen einer modernen Corporate Responsibility können nicht gemessen werden; sie müssen beurteilt werden. Dazu bedarf es keines Zahlenwerks und keines Computerprogramms, das die Zahlen mathematisch exakt miteinander verknüpft, sondern es bedarf der Urteilskraft, über die die Person des Betrachters verfügen muss.

Durch die gesamte Diskussion um Unternehmensverantwortung werden Unternehmen wieder in einen größeren, gesamtgesellschaftlichen Zusammenhang gerückt. Die Entkopplung von Unternehmen und gesellschaftlichen Verantwortlichkeiten, wie sie lange Zeit propagiert wurde, wird dadurch tendenziell aufgehoben. Damit treffen zwei Logiken aufeinander, die nicht ohne Weiteres kompatibel sind: die blinde ökonomische Rationalität einerseits, die sich vielfach einem entkoppelten Effizienzstreben beugt, und die Logik der grundlegenden Frage nach einem funktionierenden, verantwortlichen und gerechten Zusammenleben in der Gesellschaft andererseits. Es liegt auf der Hand, dass der Versuch, komplexe, pluralistische Dispositionen in der Gesellschaft mit der schlichten, lange Zeit eingeübten betriebswirtschaftlichen Rationalität zu fassen, scheitern muss.

Die verzweifelte Suche nach Key-Performance-Indikatoren (KPIs) ist der sichtbare Beleg dafür. Von Vorständen alter Schule werden die zuständigen Abteilungen der Konzerne beauftragt, einen KPI zu entwickeln, die die unternehmensethische Performance in Sachen Corporate Responsibility in eine Kennzahl drücken soll. Es wird versucht, mit einer eng gefassten, weitgehend überkommen Logik des verinnerlichten ökonomischen Prinzips die Effizienz der eigenen Corporate Responsibility sichtbar zu machen. Und dabei steht – wie es das Wesen der Kennziffern insgesamt ist – offensichtlich die Effizienz im Vordergrund und nicht die grundlegenden Wertehaltungen, die dem ganzen Bemühen um Unternehmensverantwortung überhaupt erst einen Sinn verleihen.

Sinnvolle Projekte statt KPI

In Form von Geld und Manpower und nicht zuletzt auch in Form von Frust werden große Ressourcen in das unmögliche Vorhaben gesteckt, unternehmerische Verantwortung in Form von KPI auszudrücken. Diese Ressourcen würden besser für sinnvolle und wirksame Projekte freigegeben. Doch das widerspricht dem Weltbild einer ganzen Generation von Managern; es passt nicht zu dem, was sie einmal gelernt haben. Ich habe den Eindruck, dass es noch etwas Zeit braucht, bis an die Stelle der alten Kader eine neue Generation tritt, die ein weitergehendes Verständnis von ökonomischen Zusammenhängen und von einer gesellschaftsadäquaten Unternehmensführung hat. Nicht zuletzt muss damit auch ein anderes, zeitgemäßes Verständnis von Unternehmensführung in dynamischen und komplexen Umwelten einhergehen. Dazu werde ich im sechsten Kapitel weiterführende Gedanken zur Unmöglichkeit von Führung anstrengen, die ich in letzter Konsequenz mit der Idee eines Zielkorridors, der mögliche wünschenswerte Zustände der Zukunft aufweist, beschreiben werde.

„Was man nicht messen kann, kann man nicht führen": Dieser altbekannte Satz wird im Kontext der Unternehmensverantwortung ad absurdum geführt. Der zahlenfixierte Messbarkeitswahn kann hier nicht greifen, da unternehmensethische Performance beurteilt werden muss, aber nicht gemessen werden kann. An die Stelle von kennzahlenbasierten Tools muss eine Urteilskraft treten, die komplexe Zusammenhänge einschätzen und in ihrer gesellschaftlich-ökonomischen Bedeutung bewerten kann: eine neue, aber notwendige Kompetenz, über die eine zukunftsfähige Unternehmensführung verfügen muss.

2.8   Missverständnis 8: „Je mehr Verantwortung, desto besser"

Ähnlich wie die Illusion der Messbarkeit, die vor allem einem quantitativen Denken unterliegt, verhält es sich mit dem folgenden Irrtum: Man ist umso besser ist, je mehr Verantwortung man übernimmt. Doch das kann nicht funktionieren. Wer sich als oberste Führungskraft einer Organisation auf die Fahnen schreibt, die Welt verbessern und dafür an jedem möglichen Missstand arbeiten zu wollen, setzt sich zu hohe Ziele. Man muss nicht allzu weit denken, um zu erkennen, dass dieser Anspruch zu hoch ist, und daher sollte er nicht einmal zum Ausdruck gebracht werden. Die Formulierung „die Welt verbessern" steht als ein Platzhalter für Anliegen, die weit über die Sphäre des eigentlichen unternehmerischen Tuns hinausgehen. Es macht wenig Sinn, sich über die Ungerechtigkeiten in der Welt zu echauffieren und ein Mehr an Verantwortung von Unternehmen einzufordern, ohne dann aber konkret sagen zu können, was man tun kann. Ebenso unsinnig ist es, sich diese Ungerechtigkeiten angesichts der privilegierten Situation, in der man sich selbst befindet, zum Vorwurf zu machen, um dann schuldbewusst seinen wie auch immer gestalteten unternehmerischen Beitrag zur Beseitigung dieser Missstände zu leisten. Um es nochmals klar zu formulieren: Mir geht es keinesfalls darum, einer institutionalisierten Verantwortungslosigkeit das Wort zu reden. Ein Unternehmen darf nicht nur Profit und Wachstum vor Augen zu haben. Dennoch scheint mir oft ein wenig Selbstgefälligkeit mitzuschwingen, wenn eine Organisation in allzu großem Maß Verantwortung übernehmen will.

Wenn der Bereich der Verantwortung das Machbare übersteigt, dann wird Verantwortung auch schon wieder unterlaufen. Die Lösung sehe ich im Begriff der *Kernverantwortung,* bei dem es darum geht, zunächst das eigene Kerngeschäft, die Wirkungen der eigenen Geschäftstätigkeit auf das gesellschaftliche Umfeld, und schließlich die eigenen Kernwerte im Blick zu haben. Denn sie sind zunächst einmal der grundlegende Bezugspunkt für die Verantwortung, die ich als Unternehmer zu übernehmen habe. Darin liegt ein Korrektiv nicht nur für Ansprüche, die von außen an mich herangetragen werden, sondern ebenso für Ansprüche, die ich vermeintlich an mich selbst richte. Wohlgemerkt, ich will nicht die Verantwortungslosigkeit eines bestimmten Unternehmertypus unterstützen, der nur auf seinen ureigensten Vorteil schaut und nicht die Bedürfnisse seines Umfeldes beachtet. Wichtig ist aber gleichwohl, gerade auch im Blick auf meine eigenen Ansprüche eine belastbare und begründbare Sphäre meiner unternehmerischen Verantwortlichkeiten zu bestimmen.

Es ist prinzipiell egal, ob ich als Unternehmer bei der Zuschreibung meiner Verantwortung von anderen oder von mir selbst ausgehe. Im Wesen einer wohlverstandenen Unternehmensverantwortung muss es liegen, einen möglichst klaren Bezugsrahmen zu haben. Dieser Bezugsrahmen wird in diskursiver Weise, also in der argumentativen Auseinandersetzung mit anderen, quasi objektiviert – wohl wissend, dass es eine wahrhaft objektive Verantwortlichkeit in den komplexen Diskurszusammenhängen, in denen jede Organisation und jede Führungskraft einer Organisation steht, nicht geben kann. Vor diesem Hintergrund ist es durchaus realistisch, dass eine Unternehmensführung, die für sich eine vergleichsweise enge Verantwortungssphäre definiert, ihre Unternehmensverantwortung, aus der Distanz betrachtet, wesentlich effektiver und wirksamer wahrnimmt als ein Management, das sich – vielleicht aus ehrlicher Betroffenheit oder auch nur aus plakativ zur Schau gestellter Entrüstung – für sehr vieles verantwortlich fühlt, sich bei diesen Verantwortlichkeiten aber selbst überfordert und die Bereiche dieser Verantwortung nicht einmal mit soliden Argumenten begründen kann.

In zahlreichen Gesprächen mit Unternehmern hat sich mir bestätigt, dass oft diejenigen, die am ausführlichsten und wortgewandtesten und mit den richtigen Begriffen über ihre Unternehmensverantwortung reden können, nicht unbedingt die sind, die ihre Verantwortung profund wahrnehmen. In den meisten Fällen können eher diejenigen Manager, die reflektiert über die Machbarkeit und Wirksamkeit ihrer Verantwortungsübernahme nachdenken und dies auch so kommunizieren, belastbare Maßnahmen vorweisen; und häufig genug sind gerade sie es, die aktiv daran arbeiten, konkret Verantwortung zu übernehmen. Doch leider stellen sich gerade die Verantwortungsträger, die wegen ihrer hohen Reflexionsfähigkeit das eigene Tun kritisch hinterfragen, in der eigenen Wahrnehmung und Kommunikation im Vergleich selbst oft schlechter dar als diejenigen, die über das richtige Instrumentarium an Begriffen und Schlagworten verfügen und dieses rhetorisch gekonnt zum Einsatz bringen. Besondere Vorsicht ist mithin geboten, wenn die Profis aus den CR-Abteilungen oder gar den PR-Abteilungen das Wort ergreifen.

Die praktische Erfahrung bestätigt mir die theoretische Einsicht, dass es darauf ankommt, das richtige Maß an Verantwortlichkeit zu bestimmen. Ein Zuviel an – eher kommunizierter als gelebter – Verantwortung ist ebenso wenig gut wie ein Zuwenig. Mehr ist keinesfalls besser, weder in der Kommunikation noch in der Umsetzung. Denn keines von beidem wird nachhaltig gelingen. Klar ist aber auch: Das rechte Maß an Verantwortlichkeit zu bestimmen, ist alles andere als ein Kinderspiel. Eine solche präzise Bestimmung von Verantwortungsbereichen ist aber möglich, wenn ein professionelles und sachkundiges Verständnis der Zusammenhänge, die sich aus dem Modell der Kernverantwortung ergeben, gegeben ist.

2.9   Missverständnis 9: „Verantwortung engt ein"

Gewissermaßen eine Gegenposition zum eben beschriebenen Missverständnis, man sei umso besser, je mehr Verantwortung man übernimmt, ist die Vorstellung, dass Verantwortung einenge und die eigenen Möglichkeiten begrenze. Aus diesem Missverständnis wird oft das libertäre Ideal eines freien wirtschaftlichen Spieles gefolgert: Die Marktkräfte allein sollen die Möglichkeiten und Grenzen unternehmerischer Entscheidungen und Verantwortlichkeiten bestimmen. Jedes Mehr an Verantwortung würde die unternehmerischen Möglichkeiten einschränken und beschneiden. Doch gerade diese größtmöglichen unternehmerischen Möglichkeiten brauche man doch, so die Auffassung, um im Wettbewerb bestehen zu können. Alle Ressourcen müssten demnach auf eben diesen Wettbewerb konzentriert werden, anstatt sie in Bereichen zu vergeuden, die keinen unmittelbaren Geschäftswert bringen oder die gar „nur" der Auseinandersetzung mit unternehmensethischen Fragen dienen.

Diese Argumentation ist sehr verkürzt und ihrerseits so eng wie die vermeintliche Einengung, die das Übernehmen von Verantwortung angeblich mit sich bringen soll. Denn wohlverstandene Verantwortungsübernahme bedeutet ja gerade, dass ich die Sphäre dessen bestimme, wofür ich mit meinem Unternehmen oder mit der Organisation, die ich vertrete, einzustehen habe. Auch hier geht es wieder um die Frage, wie groß der Raum ist, den ich öffne und innerhalb dessen ich meine unternehmerischen Möglichkeiten entfalten kann. Und wie schon erwähnt: Ohne Grenzen, ohne Wände kann kein Raum konstruiert werden. Ohne Grenzen verliert sich der Raum ins Nichts, ohne Grenzen ist Verantwortung nichts. Insofern hängt also die Sphäre, innerhalb der ich wirksam agieren kann, von einem klaren Verständnis der eigenen unternehmerischen Verantwortung auch für gesellschaftliche und ökologische Belange überhaupt erst ab. Wenn ich meine Verantwortlichkeiten, die ich mir wohlüberlegt definiert habe, kenne, eröffne ich mir einen Raum voller Möglichkeiten, die es unternehmerisch umzusetzen gilt. Daher kann Verantwortung als solche niemals einengen. Allenfalls kann sie sich bei einem falsch verstandenen Zuviel an Verantwortung ins Gegenteil verkehren und die gute Grundidee verwässern. Trotzdem bleibt festzuhalten, dass Verantwortung grundsätzlich keine Räume schließt, sondern neue Räume öffnet.

2.10   Missverständnis 10:„Für alle Organisationen gelten die gleichen Verantwortlichkeiten"

Prinzipiell kann behauptet werden, dass jede Organisation eine höchst individuelle Verantwortlichkeit hat. Diese Verantwortlichkeit hängt einerseits von dem ab, was das Unternehmen tut, und andererseits davon, wie das Agieren des Unternehmens vom Umfeld, in dem es sich befindet, gesehen und bewertet wird. Denn es ist das Umfeld, das in letzter Konsequenz die Organisation oder das Unternehmen zur Verantwortung zieht. Es sind die Akteure im Radius des Unternehmens, die kritische Fragen stellen und es so zur Verantwortung, zur Beantwortung ihrer Fragen nötigen. Welches nun aber diejenigen Fragen sind, die im Zusammenhang mit den unternehmerischen Aktivitäten virulent und von besonderer Bedeutung sind, hängt wiederum ganz entscheidend von den Wertehaltungen ab, die die Akteure in eben diesem Umfeld vertreten. Das bedeutet: Sowohl an unterschiedlichen Orten als auch zu unterschiedlichen Zeiten kann der Gegenstand der Verantwortung sehr unterschiedlich und die konkrete Verantwortlichkeit als solche sehr verschieden ausgestaltet sein.

Verantwortung, in diesem Sinne verstanden, ist veränderlich und kontextabhängig. Einfache Checklisten etwa, die bestimmte inhaltliche Aspekte der Verantwortungsübernahme abfragen, können daher nicht funktionieren – zumindest dann nicht, wenn sie nicht auch auf das Umfeld, in dem das Unternehmen sich befindet, in besonderem Maße reagieren. Man könnte in einem Gedankenexperiment den Fall durchspielen, dass zwei identische Unternehmen, die an unterschiedlichen Standorten tätig sind, sich in ganz unterschiedlichen Bewertungsszenarien befinden. Beide Unternehmen hätten also höchst unterschiedliche Verantwortlichkeiten, weil sie nämlich von unterschiedlichen Menschen mit unterschiedlichen Wertehaltungen gefragt werden und entsprechend Unterschiedliches zu *ver*-antworten hätten.

Auch wenn durch Standards, Checks oder Zertifizierungen immer wieder Gleichmacherei versucht wird: Individuelle Verantwortlichkeit entzieht sich zwangsläufig immer wieder einer Standardisierung. Verantwortung ist höchst spezifisch sowie individuell und muss immer wieder neu bestimmt werden. Erst wenn eine Organisation oder ein Unternehmen dieses Prinzip erkannt hat und bereit ist, es als einen kontextspezifischen Prozess zu begreifen, die eigenen Verantwortlichkeiten zu ermitteln, können wir im eigentlichen Sinne von einem verantwortungsvollen und verantwortungsbewussten Unternehmen sprechen.

2.11   Missverständnis 11:„Die Ressource ‚Vertrauen' muss aufgebaut werden"

Vertrauen ist ein Begriff, der in den letzten Jahren stark strapaziert wurde. Immer wieder tauchen Initiativen auf, die sich auf unterschiedlichen Ebenen damit beschäftigen, das durch diverse Krisen verlorene Vertrauen wiederzugewinnen. So soll etwa nach Finanzkrisen das Vertrauen in den Finanzsektor gestärkt werden, nach Manipulationen von Abgasmessungen soll das verloren gegangene Vertrauen in die Automobilhersteller zurückgewonnen werden, oder es soll Vertrauen in die (deutsche oder auch globale) Wirtschaft insgesamt aufgebaut werden. Und nicht zuletzt ist es häufig ein individuelles Anliegen einzelner Manager, als vertrauenswürdige Personen angesehen und anerkannt zu werden.

In den Medien finden sich in regelmäßigen Abständen Beiträge, in denen die Vertrauenswürdigkeit unterschiedlicher Berufsstände in eine Rangfolge gebracht wird. Solche Rankings führen uns vor Augen, dass dem Beruf des Managers von vielen Menschen wenig Vertrauen entgegengebracht wird. Vertrauen tut also not, so scheint es – und zwar sowohl auf sektoraler Ebene, also etwa bezogen auf eine Branche, als auch auf organisationaler und individueller Ebene.

Vertrauen wird daher häufig als eine Ressource begriffen, und da scheint es nur folgerichtig, dass es sich bei Vertrauen um eine außerordentlich knappe Ressource handeln muss. Der traditionellen ökonomischen Logik zufolge ist demnach Vertrauen, wie alle knappen Güter, teuer. Einleuchtend also, dass man bereit ist, etwas dafür zu geben, wenn man von einem solchen Vertrauensmangel betroffen ist.

Betrachtet man das Bemühen um Vertrauen bei einzelnen Personen jedoch genauer, dann scheint mir dies doch sehr stark dadurch motiviert zu sein, dass man als Manager eben auch zu den Guten gehören möchte. Warum sollte es grundsätzlich anders sein? Man macht seinen Job und versucht, darin mehr oder weniger erfolgreich zu sein. Was sollte daran verwerflich sein? Bei Licht betrachtet offensichtlich nichts. Doch im Sinne des Sprichworts „Mitgefangen, mitgehangen" trifft alle redlich arbeitenden Manager die Sippenhaftung; sie werden mit allzu gierigen und bilanztechnisch besonders „kreativen" Kollegen in einen Topf geworfen. Wie überall im Leben gibt es in jeder Organisation Menschen, die vor allem an ihren eigenen Vorteil denken und deshalb nicht willens oder in der Lage sind, im Sinne der Organisation und ihrer Umwelt zu denken und zu handeln. Solides und verantwortliches Wirtschaften wird mit Eigennutzoptimierung verwechselt, Erfolg wird als rein zahlenmäßiger Wert kategorisch missverstanden. Und so wird es sehr schwierig für Manager, von diesem negativen Image wegzukommen und zu zeigen, dass eben nicht alle schwarze Schafe sind und dass die Berufsgruppe insgesamt doch Vertrauen verdient. Als Konsequenz daraus suchen Manager gerne einmal „die Nähe zu den Menschen", wie man so schön sagt; sie versuchen, durch Bürgernähe oder in Gesprächsforen und Diskussionsrunden zu zeigen, welch anständige Kerle sie eigentlich sind.

Mir scheint es hier gar nicht so sehr um Vertrauen zu gehen. Vertrauen ist ohnehin ein Begriff, der auch die eigene Verletzlichkeit im Fall des Vertrauensbruchs impliziert. Mir scheint es hier vielmehr um ein personengruppenbezogenes Reputationsmanagement zu gehen: Ein angeschlagenes Image, ein in den Medien verzerrtes, unerwünschtes Bild in der Öffentlichkeit soll korrigiert werden. Dass man in einem solchen Vertrauensverhält-nis, wenn es denn eines wäre, auch akzeptieren müsste, dass man selbst verletzlich ist, ist bei diesem Bemühen, ein vermeintlich schiefes Bild zu korrigieren, nicht zu spüren. Es sei denn, es geht um verletzte Eitelkeiten.

Betrachten wir dies einmal auf der Ebene der Organisation: Kann man Vertrauen in eine Organisation verlieren? Oder anders gefragt: Kann man einer Organisation vertrauen? Ein Grundproblem bei dieser Frage liegt darin, dass Vertrauen ein Begriff ist, der gewöhnlich für ein enges persönliches Umfeld verwendet wird. So verstanden, ist Vertrauen etwas, das zwischen zwei Personen besteht, und zwar mit dem unkalkulierbaren Risiko, dass man sich selbst verletzlich macht, wenn das eigene Vertrauen gebrochen wird; umgekehrt wird man selbst moralisch sanktioniert und erfährt Verachtung, wenn man Vertrauen, das einem entgegengebracht wird, enttäuscht.

Bei Organisationen allerdings – ob nun im Verhältnis von Organisationen zueinander oder im Verhältnis von Organisationen zu Individuen – ist der persönliche Nahbereich nicht mehr relevant. Man könnte formulieren, dass man sich hier in der Sphäre eines institutionellen Fernbereiches befindet, in dem die individuelle Verletzbarkeit gar nicht mehr funktionieren kann, zumindest nicht im Hinblick auf eine Organisation. Letzten Endes, so kommt es mir zumindest vor, ist die gesamte Vertrauensdiskussion auf institutioneller Ebene im Grunde genommen nicht mehr und nicht weniger als der Wunsch nach einer Selbstverständlichkeit: der Wunsch nämlich, dass vereinbarte Leistungen zuverlässig und rechtmäßig erbracht werden.

Will man also Vertrauen in Institutionen aufbauen, so scheint mir der beste Weg darin zu bestehen, dass eben diese Institutionen professionell, korrekt und anstandslos ihre Geschäfte erledigen und dabei ihre Geschäftspartner – ganz egal ob Kunden, Lieferanten oder andere – nicht übervorteilen. Denn zu einem solchen Vertrauensbruch neigen Institutionen manchmal, besonders dann, wenn sie beispielsweise schlicht wegen ihrer Größe und Komplexität sehr mächtig sind oder aufgrund ihres Angebots am längeren Hebel sitzen und daher meinen, Spielregeln einseitig und asymmetrisch zu ihren Gunsten interpretieren zu können.

Problematisch scheint mir grundsätzlich zu sein, dass viele Vertreter von Organisationen, und oft genug auch die Kunden, anderen Organisationen auf eigenartige Weise einen unausgesprochenen Vertrauensvorschuss zugestehen oder auch ein asymmetrisches Vertrauensverhältnis für selbstverständlich halten – gerade so, als seien viele Organisationen per se vertrauenswürdiger als Einzelpersonen. So werden beispielsweise in den Beziehungen zwischen Organisationen und Einzelperson asymmetrische Bonitätsprüfungen oder asymmetrische Zahlungsmodalitäten ganz selbstverständlich und ohne zu hinterfragen hingenommen. Doch drehen wir den Spieß einmal um: Was würde passieren, wenn eine Einzelperson, die einem Unternehmen einen Bonitätsnachweis als Voraussetzung für einen Vertragsabschluss erbringen soll, umgekehrt einen entsprechenden Nachweis von dieser Organisation anforderte? Wenn man hier den freundlichen Verweis auf die allgemein veröffentlichten Berichte bekommen würde, dann müsste man schon von einem sehr entgegenkommenden Unternehmen sprechen. In der Regel wird man weder den gewünschten Nachweis noch eine Begründung für die Ablehnung des Anliegens erhalten.

Und da wird es auch nichts nützen, noch einmal nachzufragen. Konsequent müsste man also sagen: Hier liegt ein klarer Fall der Verweigerung von *Ver*-antwortung vor.

Ein anderes, plakatives Beispiel: Machen Sie sich doch einmal den Spaß und prüfen Sie an der Kasse eines Handelsunternehmens die Geldscheine, die Sie zurückbekommen, auf ihre Echtheit, ganz so, wie man es umgekehrt mit den Geldscheinen oder auch Geldkarten, mit denen Sie bezahlen, tut. Sie werden auf Irritation und Unverständnis stoßen. Denn offenbar sind Kassierer nur deshalb angehalten, die Scheine zu prüfen, weil es im Interesse der Kunden sei. Beispiele, die nach diesem Prinzip funktionieren, lassen sich viele finden und belegen. Man denke etwa an die Finanzbranche: Hier legen Kunden regelmäßig ihrem Berater ihre Vermögensverhältnisse offen, ohne oft mehr von ihren Gegenuber zu wissen als seinen Namen. Hier scheint mir etwas gewaltig schiefzuliegen, auch wenn es offensichtlich allgemein hingenommen wird.

Es gibt keinen Grund, weshalb man sich als Kunde oder als Geschäftspartner mit einer solchen Asymmetrie abfinden sollte; es sei denn, man kann nicht anders, weil die Organisation einen Machtvorteil ausspielen kann und daher die Spielregeln zu ihren eigenen Gunsten bestimmt. Als Alternative bliebe nur eines: auf das Geschäft oder auf den Einkauf zu verzichten. Aber warum eigentlich nicht?

Einmal mehr: Vielleicht sollte man, wenn man von Organisationen oder Institutionen spricht, den Vertrauensbegriff nicht zu sehr strapazieren. Denn in den genannten und in vielen anderen Beispielen sind weder die Organisationsmitglieder noch die Organisation selbst in einem ernst gemeinten Sinne vertrauenswürdig. Der Begriff hat hier nichts verloren; die ihm innewohnende Verletzbarkeit des Vertrauensgebers wird einseitig abgewälzt. Es handelt sich um eine getarnte, aber eigentlich plumpe Form der Risikominimierung und -abwälzung. Es wäre ehrlicher, wenn man Wert auf eine symmetrische Geschäftsbeziehung und auf ein entsprechendes Geschäftsgebaren auf Augenhöhe legen würde, und es wäre zudem im eigentlichen Wortsinne *ver*-antwortlicher. Eine wichtige Folge davon wäre auch: Weder Manager noch Unternehmen oder ganze Branchen würden noch die drängende innere Not verspüren, Vertrauen aufzubauen. Schließlich könnte man dann endlich einen Begriff, den Begriff des Vertrauens, der eigentlich aus der engen Beziehung zwischen Personen stammt und der im Bereich von Organisationen und Institutionen eigentlich nichts verloren hat, aus der Diskussion um die Corporate Responsibility entfernen. Eine einfache, aber belastbare Verlässlichkeit wäre das, worum man sich zu bemühen hat. Und wenn dieses professionelle Miteinander dann auch noch auf eine freundlich und grundsätzlich wohlwollende Weise gelebt wird – umso besser.

2.12 Missverständnis 12: „Alles hängt am Kerngeschäft"

Dass die Unternehmensverantwortung eng mit dem Kerngeschäft zusammenhängen sollte, ist mittlerweile zu einer allgemeinen Forderung geworden, die niemand mehr ernsthaft abstreitet. Denn mit dem Bezug auf das Kerngeschäft soll sichergestellt werden, dass die Maßnahmen, die im Zusammenhang mit der Corporate Responsibility getroffen werden, auch tatsächlich etwas mit dem Unternehmen zu tun haben.

Einerseits will man auf diese Weise das „Gießkannenprinzip" vermeiden: Es ist einzusehen, dass es nicht zweckmäßig ist, mehr oder weniger willkürlich irgendwelche Aktivitäten durchzuziehen, die man mit dem Etikett „Corporate Responsibility" versehen kann und die zeigen sollen, was für ein verantwortlicher Akteur das Unternehmen ist. Man will vermeiden, dass irgendwelche beliebigen Maßnahmen unabhängig voneinander von den Ressourcen des Unternehmens zehren und letzten Endes auch wenig wirksam bleiben. Konzertiert und systematisch durchgeführt, könnte man hingegen sowohl den Ressourceneinsatz für das Unternehmen als auch den Beitrag für die Gesellschaft oder für die Umwelt optimieren. Nicht zuletzt hängen am Kerngeschäft auch die Kernkompetenzen des Unternehmens, die, wenn man sie richtig einsetzt, nicht nur für primär wirtschaftliche, sondern ebenso für gesamtgesellschaftliche Projekte und Aktivitäten fruchtbar gemacht werden können.

Andererseits sollen solche Maßnahmen forciert werden, die das Kerngeschäft, also die Hauptleistung, die eine Organisation erbringt, unter der Perspektive der Verantwortung „besser" machen. Verantwortung soll also am Kern unserer geschäftlichen und organisationalen Aktivitäten ansetzen, nicht erst an der Peripherie. Diese Haltung ist grundsätzlich richtig, und ich werde diese Thematik in meinem Modell der Kernverantwortung noch ausführlicher diskutieren. Aber zieht man diese Leitlinie in einer überhöhten Ausschließlichkeit durch, kann dies gesellschaftlich zum Nachteil sein. Das ist etwa dann der Fall, wenn zum Beispiel eine Organisation eben gerade deshalb, weil sie sich auf ihr Kerngeschäft beruft, es als unprofessionell ansieht, ein an sich gutes, philanthropisches Anliegen zu unterstützen.

Was sollte eigentlich ernsthaft falsch daran sein, wenn ein Unternehmen lohnenswerte Projekte und Initiativen – Spenden an gemeinnützige Vereinigungen oder Sponsoring von Kunst- und Kulturveranstaltungen beispielsweise – unterstützt, die beim besten Willen nicht auf das Kerngeschäft zurückgeführt werden können? Oder warum sollte es beispielsweise schlecht sein, wenn Unternehmen über Unternehmensstiftungen einen gesellschaftlichen Auftrag für sich definieren, der ebenfalls nichts mit dem Kerngeschäft zu tun hat? All das, so meine ich, sind für sich genommen gute und oft auch wirksame Beiträge für die Gesellschaft.

Allerdings tut sich hier ein großes Problem auf: Man könnte den Vorwurf erheben, dass ein Unternehmen unter Umständen mit Verweis auf genau diese „guten Taten" seine gesellschaftliche oder ökologische Verantwortung als ausreichend erfüllt ansieht. Eine solche Haltung ist grundlegend falsch, denn mit diesem Verständnis von Verantwortlichkeit lagert ein Unternehmen seine Verpflichtung aus und zeigt: Wir haben nicht verstanden, worum es eigentlich geht. In diesem Fall übersieht die Organisation, dass neben solchen sozial engagierten Initiativen oder Stiftungen vor allem das Geschäft, mit dem sie Geld für diese Initiativen verdient, auf verantwortungsbewusste Weise organisiert werden muss. Es geht nicht ausschließlich darum, wie das Geld, das wir verdienen, verwendet wird, sondern es geht im Grunde darum, wie das Geld erwirtschaftet wird. Die Frage „Wie verdiene ich mein Geld?" muss im Mittelpunkt stehen, und an diesem Punkt setzt die Forderung an, dass die Verantwortung am Kerngeschäft beginnen soll. Aber es steht nirgends geschrieben und es gibt keinen logischen Grund dafür, weshalb gesellschaftliches Engagement einer Unternehmung dort auch enden *müsste*.

Wenn also Organisationen oder Einzelpersonen sich für bestimmte Themen einsetzen und Kunst, Kultur, Naturschutz oder Bildung explizit unterstützen wollen, so ist daran nichts verwerflich. Im Gegenteil: Das kann ein sehr guter Beitrag für eine lebenswerte Gesellschaft sein. Aber – und das ist entscheidend dabei – es ist nicht egal, wie das Geld, das für diese Zwecke eingesetzt wird, erwirtschaftet wurde. Wichtig ist also, dass die Corporate Responsibility eng und unmittelbar am Kerngeschäft ansetzt. Ein weiteres, darüber hinausgehendes Engagement ist aber durchaus für die Gemeinschaft lohnenswert. Mit anderen Worten: Gesellschaftliche Verantwortung soll am Kerngeschäft ansetzen, gesellschaftliches Engagement sollte aus Gründen der Wirksamkeit auf die Kernkompetenzen bezogen sein, die in der Regel am Kerngeschäft hängen – aber es muss sich noch lange nicht darauf beschränken.

Kernverantwortung

3

In der Einleitung habe ich schon einige Themen angerissen, die unter das Schlagwort „Unternehmensverantwortung" fallen. Im Folgenden möchte ich auf die Kernverantwortung eingehen; ich möchte also, wie das Wort schon sagt, den *Kern*, das Zentrum der Verantwortung eines Unternehmens (oder einer anderen Organisation) bestimmen. Verantwortung eines Unternehmens ist nicht unendlich, sondern hängt eng mit dem Geschäftsfeld und auch mit der Art und Weise, wie ich mein Geschäft „interpretiere", zusammen.

Es ist offensichtlich, dass ein global agierendes Unternehmen mit Hunderttausenden von Beschäftigten rund um den Globus in einer anderen Verantwortungsdimension steht als etwa ein kleines Unternehmen mit acht Mitarbeitenden in einer Kleinstadt auf dem Land. Doch nicht nur hinsichtlich der Größe gibt es Unterschiede. Ein Unternehmen beispielsweise aus der Lebensmittelbranche steht in einer anderen Verantwortung als etwa ein Unternehmen aus der Automobilbranche, und dieses wiederum muss sich in anderen Bereichen verantworten als ein reines Dienstleistungsunternehmen, das im IT-Bereich, im Ingenieurbereich oder in der Managementberatung tätig ist.

Selbstverständlich haben alle Unternehmen ihre betriebswirtschaftliche Verantwortung. Und selbstverständlich wird allen eine C(S)R, eine Corporate (Social) Responsibility, zugeschrieben. Diese CSR geht über die Grenzen rein betriebswirtschaftlichen Denkens hinaus, auch wenn dies lange anders gelehrt und oft genug auch anders gelebt wurde. Doch wie sich diese Verantwortung ausprägt, ist von Unternehmen

© Springer Fachmedien Wiesbaden 2016
M. Schmidt, *Reichweite und Grenzen unternehmerischer Verantwortung*,
DOI 10.1007/978-3-658-13638-3_3

zu Unternehmen individuell verschieden. Mit anderen Worten: Wir können nicht alle mit dem gleichen Maßstab messen. Wir können nicht alle Verantwortungsträger über den gleichen Kamm scheren und können nicht bei allen Unternehmen dieselben Kriterien anlegen, um herauszufinden, ob sie nun verantwortlich agieren oder nicht. Das wäre nichts anderes als der Vergleich zwischen Äpfeln, Birnen und Bananen. Zwar gelten sie alle als Obst, aber sie können in Geschmack, Form und Qualität doch sehr verschieden sein. Es steht freilich außer Frage, dass alle Unternehmen in irgendeiner Form in einer gesellschaftlichen Verantwortung stehen. Aber diese Verantwortung ist nicht für alle gleich.

Wie lässt sich diese Verantwortung nun näher beschreiben? Ein Kriterium kann die Größe oder der Wirkungskreis des Unternehmens sein: Agiert es global oder regional? Beschäftigt es Hunderttausende von Mitarbeitenden oder nur eine Handvoll? Ein anderes Kriterium mag die Branche sein. Unternehmen, die grundsätzlich gefährliche Güter produzieren – man denke an die Autoindustrie, die chemische Industrie oder gar an die Rüstungsindustrie – stehen in anderen Verantwortlichkeiten hinsichtlich ihrer Produkte als reine Dienstleister oder als Hersteller von Alltagsgegenständen, die weder in ihrem Gebrauch besonders gefährlich noch gesundheitsschädlich oder allzu kritisch in ihrer Herstellung sind. Unternehmen müssen ihre Verantwortung definieren, und dies ist nur möglich, wenn jedes einzelne Unternehmen seine spezifische, individuelle Kernverantwortung bestimmt. Doch wie setzt sich diese Kernverantwortung zusammen?

3.1   Bezug zum Kerngeschäft

Der erste, einleuchtende Bezugspunkt ist das Kerngeschäft, also die Dienstleistungen und Produkte, mit denen ein Unternehmen im Wesentlichen und hauptsächlich sein Geld verdient und seine Wertschöpfung betreibt. Es gilt, genau darauf zu schauen, was das Unternehmen tut, was sein Produkt oder seine Dienstleistung ist: Welcher Personenkreis ist davon betroffen? Wie wird das Produkt hergestellt? Und vor allem: Was sind die konkreten Maßnahmen, die diesem Unternehmen in seiner gesellschaftlichen Verantwortung abverlangt werden? Sind diese Aktivitäten zurückgekoppelt und logisch verbunden mit seinem Kerngeschäft?

Die Idee, die hinter der Forderung steht, dass die Verantwortung direkt mit dem Kerngeschäft verbunden sein muss, ist einleuchtend und einfach: Zuweilen liegt in dem Bereich, in dem das Kerngeschäft stattfindet, die größte Gefahr von Verantwortungslosigkeit. Gerade im Blick auf das Kerngeschäft ist es am wichtigsten, etwa auf die Lieferkette zu achten, und es ist genau zu klären, welche Vorprodukte in ein Produkt eingehen. So macht es einen qualitativen Unterschied, ob ich etwa als Textildiscounter Ware verkaufe, in der Kinderarbeit steckt, ob in diesen Waren gesundheitsschädliche Stoffe enthalten sind und ob in den Drittländern, aus denen meine Lieferungen kommen, adäquate

Löhne bezahlt wurden. Oder ob ich als derselbe Textildiscounter beispielsweise in meinem Bürodrucker Ökopapier verwende, ob ich Energiesparlampen benutze und ob ich Aufkleber an den Bürotüren habe mit der Aufforderung, das Licht auszuschalten, wenn ich den Raum verlasse – nicht zu vergessen der geläufige Hinweis „Think before you print" in der E-Mail-Signatur verantwortungsbewusster Korrespondenzpartner.

Die Beispiele, die ich eben genannt habe, liegen auf Sphären, die unterschiedlich weit vom Kern der Verantwortung entfernt sind. Auf diesen Schalen, die sich um den Verantwortungskern aufschichten, lässt sich verorten, ob die konkret wahrgenommene Verantwortlichkeit nahe beim Kern liegt oder ob sie eher in seiner Peripherie anzusiedeln ist. Die Frage nach der Lieferkette von Vorprodukten am Beispiel des Textilhandels ist wesentlich relevanter für die Verantwortlichkeit und viel näher am Kern der Verantwortung dieses Unternehmens als die Frage danach, ob das Druckerpapier recycelt ist oder ob in der Kantine ein Bio-Menü gekocht wird: Die Wertigkeit der Verantwortung ist eine andere. Gleichwohl werden diese Wertigkeiten in der Praxis gerne miteinander verwechselt. Auf die Frage, was ein Unternehmen konkret tut, um seiner außerökonomischen Verantwortung gerecht zu werden, werden nicht selten genau diese Beispiele genannt: „Wir drucken auf Öko-Papier, wir verwenden nur noch Energiesparlampen und wir kaufen regelmäßig frisches Obst von einem regionalen Anbieter für unsere Angestellten." Für sich genommen sind all diese Aspekte Ausdruck von Verantwortungsbewusstsein. Aber auf das Unternehmen bezogen, genauer gesagt: bezogen auf seine Kernverantwortlichkeit sind diese Maßnahmen von geringer Bedeutung. Sie haben wenig Bezug zum Kerngeschäft. Und vor allem: Diese Maßnahmen können nicht numerisch auf einer Punktskala der Verantwortung miteinander verrechnet werden. Im Vergleich zur Kinderarbeit oder zu gesundheitsschädlichen Arbeitsbedingungen in der Lieferkette oder grundsätzlichen Menschenrechtsverletzungen hat die Energiesparlampe im heimischen Büro schlichtweg keinen Wert.

Zuallererst muss ganz konkret die Verantwortung im Kerngeschäft stimmen. Kann ein Unternehmen ein verantwortliches Management sowohl seiner sozialen als auch seiner ökologischen Lieferkette vorweisen, pflegt es einen guten Umgang mit seinen Mitarbeitern und finden sich keine Schadstoffe in seinen Produkten, so ist das Unternehmen wesentlich verantwortlicher, als wenn es solche Kernaspekte nur teilweise berücksichtigt, dafür aber an seinem Standort Energiesparlampen und Öko-Papier verwendet und für gemeinnützige Zwecke spendet. Ein Unternehmen kann in ethischer Hinsicht außerordentlich verantwortungsvoll handeln, ohne auch nur eine einzige gemeinnützige Aktivität zu verfolgen – auch wenn diese Behauptung auf den ersten Blick der moralischen Intuition, der ethischen Alltagslogik widerspricht. Im Sinne der Kernverantwortung sind solche Maßnahmen der peripheren Verantwortung eben gerade nicht sehr verantwortungsvoll. Doch leider finden sich solche Beispiele immer wieder.

3.2   Kernwirkung

Der zweite Aspekt der Kernverantwortung ist die Kernwirkung oder der Kernimpact. Er hängt eng mit dem Kerngeschäft zusammen. Der Fokus liegt hier aber stärker auf der Außenwirkung der Geschäftstätigkeit: Wie verändert beispielsweise ein Produkt die Gesellschaft? Inwieweit ist das Umfeld von diesem Produkt tangiert? Zum einen können das konkret Schadstoffemissionen sein – also das, was man klassischerweise als „negative externe Effekte" bezeichnet. Es kann aber auch die Art und Weise sein, in der das Produkt und die unternehmerische Tätigkeit dazu geeignet sind, das Bild der Gesellschaft zu verändern. So können zum Beispiel neue Mobilitätskonzepte eines Automobilunternehmens, die Neuentwicklung von besonders großen oder besonders sparsamen Pkw mit unterschiedlichen Antriebsarten, darauf ausgerichtet sein, die Rahmengrößen der Gesellschaft wesentlich zu verändern. Zum anderen können auch neue Arbeitsmodelle, die Art und Weise, wie in einem Betrieb miteinander gearbeitet und miteinander gelebt wird, dazu bestimmt sein, das gesellschaftliche Umfeld zu wandeln. Dasselbe gilt für eine mögliche Veränderung der lokalen Infrastruktur, wenn etwa ein Unternehmen über Straßen oder Schienen an den Fernverkehr angeschlossen wird, oder im Falle eines Rückbaus, wenn ein Standort geschlossen wird und sowohl freigesetzte Mitarbeiter als auch stillgelegte Werksgebäude zurückbleiben.

Dies sind alles Aspekte, die über das Kerngeschäft hinausgehen, aber zugleich eng mit der Produktherstellung und der Geschäftstätigkeit zusammenhängen. Sie wirken in die Gesellschaft hinein, und diese Wirkung kann sowohl positiv sein, also mit wünschenswerten Effekten, als auch mit negativen, schädlichen Effekten einhergehen. Die zentrale Frage, die sich auf die Kernwirkung richtet, lautet also: Wie wirkt mein Produkt, wie wirkt mein unternehmerisches Agieren in die Gesellschaft, in das gesellschaftliche Umfeld, in dem ich mich bewege?

3.3   Kernwerte

Der dritte Aspekt schließlich, der die Kernverantwortung eines Unternehmens ausmacht, liegt in den Kernwerten. Dieser Teilaspekt ist konstitutiv für die Kernverantwortung eines Unternehmens. Dieser Punkt ist nicht unumstritten, da Kernwerte im Gegensatz zum Kerngeschäft und auch zur Kernwirkung vermeintlich am stärksten einen subjektiven Charakter aufweisen. Denn während man mehr oder weniger objektiv messen kann, was das Kerngeschäft ist und welche Problemfelder und welche Verantwortungsbereiche mit ihm verbunden sind, so sind doch die Werte sehr stark an die handelnden Personen gebunden, an die Unternehmensführung, das Management, aber in letzter Konsequenz auch an die Mitarbeiter eines Unternehmens.

Schnell wird der Vorwurf laut, dass gerade die Werte, die ein Unternehmen vertritt, nicht zur Bestimmung seiner unternehmerischen Verantwortung herangezogen werden dürfen. Denn damit, so die Kritik, falle man schnell der Beliebigkeit anheim und könnte, mit Bezug auf die eigenen Wertesetzungen, letztlich alles begründen und alles legitimieren.

Doch dieser Vorwurf ist falsch. Das folgende, bewusst in schroffem Schwarz-Weiß gezeichnete Beispiel mag die Relevanz der Kernwerte in einem Unternehmen verdeutlichen: Nehmen wir die Mitarbeiter eines Unternehmens aus dem Bankenbereich, etwa eines Brokers. Hinsichtlich ihrer Arbeitszeiten und ihrer Karriereaussichten werden sie eine andere Wertehaltung haben als Mitarbeiter in einer öffentlichen Verwaltung oder in einer Schule. Geht man davon aus, dass bei einem Broker junge Menschen mit sehr ehrgeizigen Karrierezielen arbeiten, deren Vorstellung von einer gelingenden Work-Life-Balance darin besteht, bis spät in den Abend unter Druck und mit viel Adrenalin zu arbeiten, um anschließend noch einige Stunden mit den Kollegen in einer schicken Bar zu verbringen und nach einer kurzen Nacht erneut einen stressigen Tag zu beginnen, so dürften hier andere Wertevorstellungen herrschen als in einem Unternehmen, das vornehmlich verwaltende Tätigkeiten anbietet und in dem sich eher Personen zusammenfinden, denen sehr an einem geregelten Arbeitstag gelegen ist und die nach Feierabend keine Gedanken mehr an den Arbeitstag verschwenden. Werte, die bezogen sind auf Arbeit, Freizeit, Leistung und Familie, dürften in den beiden Unternehmen sehr unterschiedlich ausgeprägt sein, was letztlich zu unterschiedlichen Ausprägungen von Verantwortung führt. Für die Work-Life-Balance, so könnte man sagen, sind zwar sowohl das Brokerunternehmen als auch das Verwaltungsunternehmen verantwortlich. In der konkreten Ausprägung und in der Reichweite indes sind die Verantwortlichkeiten unterschiedlich und abhängig von den gültigen Wertehaltungen der Beteiligten.

Und das hat konkret sehr unterschiedliche Folgen. Würde man in der Verwaltung einen Arbeitsmodus einführen, der den beständigen und gewollten Druck und die Getriebenheit zeigt, die man bei dem exemplarisch dargestellten Broker vorfindet, so würde das sicher auf Unmut und Widerstand stoßen; es stünde nicht mehr genügend Zeit für die Freizeit oder für die Familie zur Verfügung. Umgekehrt würden die ehrgeizigen Broker sich nicht recht ernst genommen fühlen, wenn der Vorgesetzte sie in ein Tagesraster mit Arbeitszeiten zwischen 8 und 16 Uhr stecken und sie abends mit einem Gruß an die Familie verabschieden würde. Es handelt sich hier nachgerade um zwei Welten, die nichts miteinander zu tun haben – außer dem Umstand, dass sie wirtschaftliche Tätigkeiten vollziehen und Unternehmen sind. Beide Personenkreise haben unterschiedliche Wertehaltungen, die zu unterschiedlichen Ausprägungen in ihrem Handeln und in ihren Erwartungen an die Arbeit führen. Und dadurch kommt es auch zu unterschiedlichen Reichweiten und Grenzen der Verantwortung.

Dieses Beispiel bezog sich auf die Arbeitseinstellung, auf den Wert der Arbeit und den Wert der Freizeit oder der Familie, der von Mitarbeitern in unterschiedlichen Unternehmen auch ganz verschieden eingeschätzt wird. Weitere Unterschiede finden sich auf vielen anderen Ebenen. So dürften beispielsweise die Werte eines Unternehmens, das biologische Landwirtschaft betreibt und Bio-Produkte vermarktet, zumindest im Hinblick auf die Umwelt ganz andere sein als bei Unternehmen, die herkömmlich Lebensmittel in großen Mengen, vielleicht auch unter Benutzung von biotechnologischen Verfahren, produzieren. Und noch deutlicher dürfte die Differenz der Wertehaltungen sein zwischen einem Unternehmen, das in der Rüstungsbranche tätig ist und Waffen herstellt, und einem Unternehmen, das sich ausdrücklich auf die Fahne schreibt, keinerlei Vorprodukte oder Teile herzustellen, die für militärische Zwecke genutzt werden können. Das Management eines jeden dieser Unternehmen vertritt unzweifelhaft Werte, doch diese Werte müssen nicht dieselben sein. Zwar beziehen sich diese Werte auf Kriterien, die man miteinander teilt, so etwa im Beispiel oben das Kriterium Arbeitszeit im Verhältnis zur Freizeit; im zweiten Beispiel ist das Kriterium die Herstellung von Lebensmitteln oder die Verfahrensweisen bei der Produktion von Lebensmitteln, und im dritten Beispiel schließlich ist das Kriterium, auf das sich beide beziehen, die Eignung der Produkte für militärische Zwecke. Die Kriterien, die herangezogen werden, sind also die gleichen, aber sie werden jeweils sehr unterschiedlich bewertet.

Aus diesen Beispielen wird deutlich, dass Werte sich immer auf etwas beziehen; sie zeigen ganz unterschiedliche Bezugspunkte oder Kriterien, an denen sich die Werte kristallisieren und zu denen die Werte eines Unternehmens in einem Verhältnis stehen müssen. Doch der Wert selbst – in seiner Eigenschaft als Ausprägung und Differenzbezeichnung – kann von Unternehmen zu Unternehmen je nach ausgewähltem Bezugspunkt oder ausgewähltem Kriterium sehr unterschiedlich sein.

Es bleibt also festzuhalten: Die Kernverantwortung eines Unternehmens setzt sich aus den drei Aspekten Kerngeschäft, Kernwirkung und Kernwerte zusammen. Im Zusammenspiel dieser drei Aspekte ergibt sich erst die individuelle Verantwortung eines Unternehmens, die dieses sich selbst zuschreibt. Wichtig an diesem Satz ist die Formulierung „Verantwortung, die dieses Unternehmen sich *selbst* zuschreibt". Damit will ich klar zum Ausdruck bringen, dass die Verantwortung nicht vom Himmel fällt und also nicht objektiv ein für alle Mal gegeben ist. Verantwortung hat, wenn man sie so versteht, keinen ontologischen, keinen allgemeingültigen Status; sie muss vielmehr bestimmt und begründet werden. Reichweite und Grenzen von Verantwortung können im Folgenden nur identifiziert werden, wenn man diese Begründung und Bestimmung als Grundlage nimmt.

3.4   Grade der Objektivierbarkeit

Die Verantwortung eines Unternehmens ergibt sich, wie ich gezeigt habe, durch das Zusammenspiel von Kerngeschäft, Kernwirkung und Kernwerten. Dabei gibt es allerdings unterschiedliche Grade an scheinbarer Objektivierbarkeit dieser einzelnen Aspekte. Den wahrscheinlich stärksten objektiven Charakter dieser drei Aspekte hat das Kerngeschäft – mit allem, was daran hängt. Am Kerngeschäft setzen die bisher üblichen Testaudits an, die die Verantwortung von Unternehmen bestimmen und darüber berichten wollen. Hier können Kategorien abgefragt werden wie beispielsweise die Kategorie „Mitarbeiter" mit ihren Unteraspekten, die Kategorie „Energie und Ressourcen", die Kategorie „Lieferkette", sowohl in sozialer als auch ökologischer Hinsicht und viele andere Kategorien. Insofern steckt in diesem Konzept keine große Innovation.

Die Kernwirkung hingegen dürfte etwas schwerer bestimmbar sein. Zwar können viele Menschen den sichtbaren Effekt der Kernwirkung wahrnehmen, doch man stößt hier auf eine zeitliche Verschiebung zwischen Wirkung und Wirksamkeit. Das heißt: Wenn unternehmerische Tätigkeit darauf ausgelegt ist, Effekte zu erzielen, kann es durchaus sein, dass diese Effekte erst nach einigen Jahren wirklich sichtbar und in Form von Wirkungen für alle spürbar werden. Wirksamkeit hingegen können unsere Aktivitaten schon viel fruher entfalten. Nämlich dann, wenn sie dazu angetan sind, auch auf einer wenig sichtbaren, vielfach auch unbewussten Ebene Dinge und Strukturen zu verändern und ihre Dynamik so zu beeinflussen, dass sie zu einem späteren Zeitpunkt auch faktisch sichtbar – also effektiv – eine Wirkung zeigen. Am aktuellen Beispiel des Klimawandels kann beispielsweise die Reduzierung des CO_2-Ausstoßes eines Unternehmens eine wirksame Maßnahme zur Reduzierung der Erderwärmung sein; ihre sichtbare, ihre fühl- und messbare Wirkung wird jedoch erst in einigen Jahren eintreten.

Die Frage ist nun, wie solche Wirkungen (und Wirksamkeiten) in der Gesellschaft bewertet werden. Was wird überhaupt als Wirkung gesehen und anerkannt, und was nicht? Im Vergleich zum Kerngeschäft, das relativ klar definiert und umrissen werden kann, ist die Grenze der Kernwirkung etwas ungenauer. Dennoch muss man sich klarmachen, dass es eine zentrale Wirkung gibt, die durch die unternehmerische Tätigkeit eines Unternehmens verursacht und bestimmt wird. Wir schauen hier also auf das Innere des Unternehmens: Es liegt zunächst an der Geschäftsführung, diesen Effekt zu identifizieren und zu benennen. Es zeigt sich hier, dass die Wirksamkeit unternehmerischer Tätigkeit hinsichtlich ihrer externen, gesellschaftlichen und ökologischen Effekte sehr stark davon abhängt, wie die Unternehmensführung diese Effekte einschätzt. Damit dürfte der Kernimpact tendenziell stärker von der subjektiven, individuellen Einschätzung und Bewertung der Unternehmensführung abhängen als etwa das Kerngeschäft.

Der Punkt jedoch, der am stärksten einen subjektiven Charakter besitzt und daher gewöhnlich wohl am meisten umstritten ist, sind die Kernwerte, die ein Unternehmen vertritt. Wie schon ausgeführt, sind die Werte im Prinzip so individuell und verschiedenartig, wie es die Unternehmen selbst sind. Man könnte auch formulieren: Es kann ebenso viele Unternehmenswerte geben, wie es Unternehmen gibt.

Ich möchte an dieser Stelle unterstreichen, dass die Individualität der Kernverantwortung vor allem durch die Individualität der Unternehmenswerte bestimmt ist. Es gibt aber auch, in gewissen Grenzen und in kleinerem Ausmaß, eine Individualität bei der Bewertung der Kernwirkung, und den kleinsten Einfluss auf die Individualität der unternehmerischen Verantwortung hat schließlich das Kerngeschäft.

Das bisher Ausgeführte sollte verdeutlichen, dass es keine für alle Unternehmen gleichermaßen verbindliche und allein richtige Unternehmensverantwortung gibt. Weil aber

vor allem die Kernwerte besonders ausschlaggebend sind, kann an dieser Stelle der Vorwurf auftauchen, dass die Kernverantwortung insgesamt nicht nur individuell, sondern
auch subjektiv ausgeprägt sein kann. Genau das ist aber nicht der Fall, wie ich im folgenden Kapitel zeigen möchte. Vielmehr sind alle Forderungen und alle Konzepte, die
von einer einheitlichen, für alle Organisationen gleichermaßen geltenden Verantwortung ausgehen, nichts anderes als Vereinfachungen, die meist einem zu linearen Denken
entspringen.

3.5   Balance der Kernverantwortung

Wie kann man nun eine belastbare Verantwortung von einem Unternehmen einfordern,
wenn dieses sich seine Kernverantwortlichkeit anscheinend selbst zuschreibt? Ist es
damit nicht eine Frage der Beliebigkeit, welche Verantwortung ein Unternehmen überhaupt akzeptiert und welche nicht? Das Problem scheint offensichtlich zu sein: Weil es
letztendlich die Kernwerte eines Unternehmens sind, die hauptsächlich bestimmen, welche Verantwortung ein Unternehmen für sich akzeptiert, liegt genau hier eine Stellgröße,
die für alle Arten von Manipulation anfällig sein könnte.

Wie also lässt sich die Kernverantwortung, die ein bestimmtes Unternehmen sich
zuschreibt, auf ihre Belastbarkeit und Tragfähigkeit hin überprüfen? Die Lösung dieses Problems liegt nahe: Ein Unternehmen ist nicht losgelöst von seinem gesellschaftlichen Umfeld, und dieser Zusammenhang liegt auch schon der Annahme zugrunde, dass
ein Unternehmen in einer grundsätzlichen und zunächst unbedingten gesellschaftlichen
Verantwortung steht. Dabei reicht es nicht aus, diese Verantwortung lediglich als eine
erweiterte Form der bekannten externen Effekte zu verstehen, sondern es geht vielmehr
darum, ein Unternehmen – wie im Übrigen jede andere Organisation auch – als integra-
len Bestandteil der Gesellschaft zu verstehen, in der es agiert und mit der es vielfältig
verknüpft ist. Ein Unternehmen kann nicht ohne die Gesellschaft, ohne die Wirtschaft,
die natürliche Umwelt gedacht werden, in die es eingebettet ist. Daraus ergeben sich
unterschiedliche Schlussfolgerungen: Das Unternehmen ist beispielsweise auch eingebunden in den Wertehorizont, der in einer Gesellschaft gilt. Es existiert nicht in einem
wertefreien Raum, wie uns dies die Mainstream-Betriebswirtschaftslehre glauben
machen möchte. Was die Unternehmen und was die Angehörigen von Unternehmen tun,
ist bereits eingebettet in gesellschaftlich vorgegebene Wertehaltungen. Es ist eingebettet
in Vorstellungen von Richtig und Falsch, die ein Unternehmen schon vor jeder ökonomischen Betätigung hat. Es ist eingebettet in außerökonomische Voraussetzungen, die
das Selbstverständnis und das Handeln im Unternehmen mehr oder weniger bewusst
leiten.

Darüber hinaus bestehen vielfältige Wechselbeziehungen zwischen Unternehmen
und Gesellschaft, beispielsweise durch die Mitarbeiter: Jeder Unternehmensangehörige,
jeder Mitarbeiter und jede Mitarbeiterin, hat auch unterschiedliche Rollen in anderen

gesellschaftlichen Sphären als nur in derjenigen der Wirtschaft. So sind sie selbstverständlich auch zugleich Angehörige ihrer Familien oder haben jenseits ihrer beruflichen Tätigkeit Funktionen in anderen Organisationen wie etwa Sportvereinen oder in ehrenamtlichen Organisationen. Alle diese Rollen vereinigen sich im Individuum, in der Person. So prägen diese Rollen das Selbstverständnis einer Person auch in ihren wirtschaftlichen Tätigkeiten – und umgekehrt.

Als Ganzes wiederum ist ein Unternehmen, wie jede andere Organisation auch, eingebunden in ein Netz von Ansprüchen, die an es herangetragen werden. Zahlreiche Interessen- und Anspruchsgruppen, die Stakeholder, adressieren ein Unternehmen mit ihren Forderungen. Diese Stakeholder eines Unternehmens setzen sich beispielsweise, wie etwa „Greenpeace", für ökologische Belange oder, wie etwa die Gewerkschaften, für die Rechte von Beschäftigten ein. Entsprechend richten die Kunden als Stakeholder Ansprüche an die Produkte und an die Servicequalität von Unternehmen, wie auch Lieferanten oder Partner eines Unternehmens ganz unterschiedliche Anforderungen stellen können, um nur einige Beispiele zu nennen.

Wie ein Unternehmen haben die Stakeholdergruppen ebenfalls ihre eigenen Wertehaltungen. Jede dieser Gruppen hat spezifische Vorstellungen davon, welche Verantwortung einem Unternehmen zugeschrieben werden muss. Die Verantwortung, die beispielsweise eine Umweltorganisation von einem Unternehmen fordert, kann natürlich eine ganz andere sein als die Verantwortung, die Gewerkschaften für ein Unternehmen für angemessen halten. Die Inhaber wiederum können völlig andere Vorstellungen von der gesellschaftlichen Verantwortung eines Unternehmens haben als die Mitarbeiter oder die Kommune, in der das Unternehmen seinen Sitz hat. Ein Unternehmen ist folglich eingebunden in ein Netz von anderen Akteuren, die ganz spezifische Wertehaltungen haben und die jeweils unterschiedliche Anforderungen und Ansprüche an die Verantwortung eines Unternehmens stellen. Auch hier gilt in letzter Konsequenz wieder: Jede der Anspruchsgruppen hat eine völlig andere Vorstellung von den konkreten Maßnahmen, die ein Unternehmen treffen muss, wenn es seiner Verantwortung gerecht werden will. Wir haben es also mit einem komplexen Gefüge von wechselseitigen Ansprüchen zu tun, und diese Ansprüche spannen das Kräftefeld auf, in dem sich das Unternehmen behaupten muss. In einer diskursiven Auseinandersetzung mit sämtlichen Akteuren dieses Kräftefeldes muss das Unternehmen letztlich eine dynamische Balance schaffen.

Hat ein Unternehmen für sich eine Kernverantwortung eindeutig definiert, so bedeutet dies noch lange nicht, dass diese Kernverantwortung auch von allen anderen Akteuren, mit denen dieses Unternehmen in Wechselwirkung steht, akzeptiert wird. Ebenso gilt umgekehrt: Wenn eine bestimmte Anspruchsgruppe von einem Unternehmen eine gewisse Verantwortung einfordert, ihm also diese Verantwortung zuschreibt, so heißt das noch lange nicht, dass es sich dabei um eine objektiv gültige Verantwortung dieses Unternehmen handelt. Dieser Anspruch bedeutet lediglich, dass die Stakeholdergruppe, die diese Forderung aufstellt, eine konkrete Vorstellung davon hat, wie ein Unternehmen seine Verantwortung wahrnehmen soll.

Die Bestimmung der Kernverantwortung geht über die individuelle, vor allem über die subjektive Selbstzuschreibung hinaus, sie ergibt sich aus einem gesellschaftlichen Diskurs. Dieser kann als Aushandlungsprozess verstanden werden, der zwischen dem Unternehmen und dem Gefüge von Anspruchsgruppen, in dem es steht, vor sich geht. Wichtig sind dabei drei Aspekte: Erstens haben auch Stakeholder untereinander Ansprüche; Verantwortung erstreckt sich nicht eindimensional zwischen Unternehmen und Stakeholder. Zweitens aber ist auch die Richtung der Verantwortung mehrdimensional: Nicht nur die einzelnen Stakeholder adressieren linear für sich eindeutig Ansprüche an ein Unternehmen, sondern auch das Unternehmen seinerseits kann in diesem Kräftefeld Ansprüche an die anderen Gruppen stellen. Drittens schließlich ist keine der Stakeholdergruppen allein auf ein Unternehmen fixiert. „Greenpeace" etwa wird nicht nur an einen einzigen Konzern Ansprüche haben und von ihm Verantwortung einfordern, sondern an alle anderen auch (siehe Abb. 3.1).

3.6   Falsche Kritik – der Vorwurf der Beliebigkeit

Es ist von entscheidender Bedeutung, dass man bei dem von mir vorgestellten Modell der Kernverantwortung gerade diese komplexe Vernetzung der unterschiedlichen Akteure im wirtschaftlichen und gesellschaftlichen Spiel berücksichtigen muss. Denn gerade

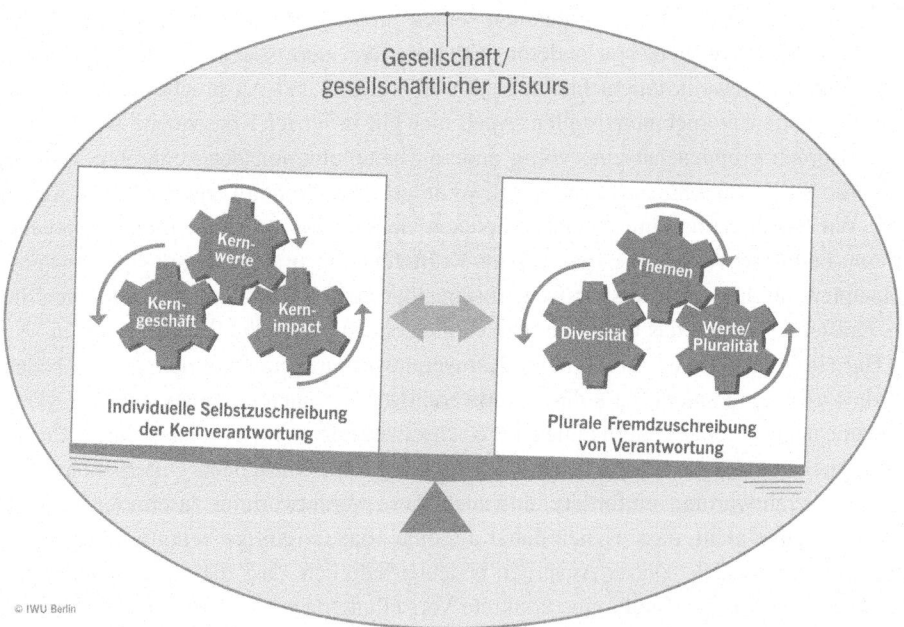

Abb. 3.1 Modell der Kernverantwortung

in dieser Vernetzung sind ebenso die Notwendigkeit wie auch die Möglichkeit begründet, überhaupt eine Balance der unterschiedlichen Wertehaltungen herstellen zu können und zu müssen. An dieser Stelle wird die Einsicht, dass ein Unternehmen nicht losgelöst ist von anderen Akteuren, also nicht im Vakuum agiert, besonders augenfällig: Denn betrachtet man die vielfältigen Anspruchsrelationen, zeigt sich hier besonders klar, wie komplex alle Akteure in dem Kräftefeld, das sie gemeinsam hervorbringen, eingebunden und verwoben sind.

Bei der Diskussion des Modells der Kernverantwortung wird oft ein Argument ins Feld geführt, das man überspitzt als ein „Totschlagargument" bezeichnen könnte: Wenn alles von den Werten des Unternehmens abhängig ist, ist letztlich doch alles bloß beliebig. Kann denn nicht mit den Werten, die ein Unternehmen bekundet und die die Menschen im Unternehmen vertreten, jede Aktion und jede Entscheidung begründet und gerechtfertigt werden? Schließlich gibt es ja nichts, was verbindlich wäre. Alles ist doch scheinbar abhängig von den Werten der Person, und zwar ganz egal, wie diese Person die Gültigkeit ihrer Werte herleitet.

Diese Kritik ist so nicht haltbar. Eine Balance herzustellen bedeutet nicht, dass man opportunistisch auf das reagiert, was andere sagen, um sich einen möglichst geschmeidigen Vorteil zu verschaffen. Ebenso wenig bedeutet es, andere – sofern man die Macht dazu hat – dazu zu nötigen, sich den eigenen Vorstellungen und Wünschen zu fügen. Eine Balance herzustellen bedeutet vielmehr, dass man die eigenen Vorstellungen davon, was es in wirtschaftlichen Zusammenhängen heißt, „gut" zu handeln, was die richtigen Entscheidungen, was die optimale strategische Ausrichtung eines Unternehmens ist, zur Diskussion stellt – und zwar in einem offenen und allgemeinen Diskurs. Es geht also um nichts weniger als darum, eigene Entscheidungen und Handlungen zu legitimieren. Und es geht darum, von allen anderen Akteuren – Konkurrenten, Nichtregierungsorganisationen, Medien, Mitarbeitenden und vielen anderen – selbst wiederum Legitimität einzufordern.

Der Möglichkeit, beliebige eigene Werte in irgendeiner Weise durchzusetzen, sind in diesem Diskurs also systematisch und immanent Grenzen gesetzt. Diese Grenzen liegen nicht in einer, wie auch immer gearteten, allgemeingültigen metaphysischen Normativität, wie es die Philosophen sagen würden, und sie stehen auch in keinem religiösen Pflichtenkatalog oder in einem Ethiklehrbuch. Genauso wenig sticht der Verweis darauf, dass man „das schon immer so gemacht hat". Die Gültigkeit, die Legitimität der Werte liegt in nichts anderem begründet als in der kritischen, diskursiven Reibung mit den anderen Akteuren.

In diesem Dialog um Werte, der durchaus konkret und handfest, aber auch anonym ablaufen kann, gilt es, die eigenen Vorstellungen und Handlungen zu verteidigen und zu rechtfertigen. Und zugleich – das liegt in der Natur der Sache – werden in diesem Dialog die Wertehaltungen anderer infrage gestellt und nach Maßgabe der eigenen Vorstellungen und Wertehaltungen überprüft. Die Wertehaltungen der unterschiedlichen Akteure stehen sich nicht nur wechselseitig gegenüber und – um im Bild zu bleiben – reiben sich aneinander, sondern sie fließen auf diese Weise auch als Korrektiv in das jeweils eigene

Handeln und Denken mit ein. Einmal mehr möchte ich wiederholen: Kein Unternehmen ist losgelöst und existiert in einem luftleeren Raum, in dem klassische Optimierungsstrategien gefahren werden können und in dem es so tun kann, als gäbe es hier eine zwingende allgemeingültige betriebswirtschaftliche Logik, der man zu folgen habe, um das Unternehmen erfolgreich zu führen. Das Gegenteil ist der Fall. Es ist gerade nicht primär die klassische Logik der Ökonomie, die zum Tragen kommt. Diese spielt letztlich nur nachgelagert eine Rolle, nämlich dann, wenn die grundsätzlichen Fragen der Legitimität und der strategischen Ausrichtung eines Unternehmens bereits beantwortet sind (oder unbewusst vorausgesetzt werden).

3.7   Was ist das Richtige?

Um dies klarzumachen, möchte ich auf die geläufige Unterscheidung zwischen Effektivität und Effizienz eingehen: Effektivität bedeutet, *die richtigen Dinge zu tun,* während man unter Effizienz versteht, *die Dinge richtig zu tun,* und das heißt: wirtschaftlich zu tun – und zwar in genau dieser Reihenfolge. Zuerst kommt die Effektivität, zuerst muss geklärt sein, was das Richtige ist. Erst wenn diese, zugegebenermaßen schwierige Frage gelöst ist, kann ich mich mit der Effizienz befassen. Wenn ich weiß, was das Richtige ist, in welche Richtung mein Unternehmen sich bewegen und entwickeln soll, dann erst kann ich die Mittel und Wege prüfen, *wie* dieses als richtig erkannte Ziel erreicht werden kann. Wer zuerst Effizienz sucht und zuerst Optimierungsüberlegungen nach rein wirtschaftlichen Kriterien anstellt, wird auf lange Sicht scheitern, und zwar deshalb, weil er etwas optimiert, das er gar nicht kennt und von dem er gar nicht weiß, was es ist.

Effizienz ohne Zielorientierung – oder auch: Wirtschaftlichkeit ohne Wissen darüber, was das Richtige ist – läuft leer, ist bloßer Aktionismus. Sinnvoller ist es in einem solchen Fall, schlichtweg nichts zu tun und stattdessen einen Kaffee zu trinken. „Nachdem sie ihre Ziele aus den Augen verloren hatten, verdoppelten sie ihre Anstrengungen" – dieser immer wieder zitierte Scherz bringt die Sinnlosigkeit eines solchen Unterfangens auf den Punkt. Wenn man nicht weiß, was man tun soll, greift man umso eifriger zu Ersatzhandlungen. Das lenkt ab und gibt den Anschein von besonders engagierter Professionalität. Gleichwohl ist dieser Weg falsch und sinnlos. Der Rat, den ich so beiläufig gegeben habe, ist also durchaus richtig: Wenn man seine Ziele aus den Augen verloren hat, dann sollte man lieber einen Kaffee trinken oder sich zurückziehen und nachdenken, anstatt irgendwelche Anstrengungen zu verdoppeln, von denen man – wenn man bereit ist, sich das einzugestehen – ohnehin nicht weiß, wofür man sie unternimmt.

Die gängigen Begriffe Effektivität und Effizienz richten sich auf die Frage, in welcher Richtung man sich orientieren soll und wie man Absichten wirtschaftlich umsetzt. Dabei ist nicht zu unterschätzen, dass Effektivität bei der Forderung, das Richtige zu tun, eine Variable ist. Die Formulierung „das Richtige tun" klingt zwar trivial, doch tatsächlich ist dies eine der schwierigsten Aufgaben der Unternehmensführung überhaupt. Zu wissen, oder besser: *herauszufinden,* in welche Richtung sich ein Unternehmen entwickeln und an welcher übergeordneten Zieldimension man sich orientieren sollte, ist eine strategische Kernaufgabe und existenziell für den Fortbestand und die Zukunftsfähigkeit eines Unternehmens. Nur: Wer sagt mir, was das Richtige ist?

Mit der Frage nach dem Richtigen verhält es sich ähnlich wie mit der Kritik an den Werten, die maßgeblich die Kernverantwortung mitbestimmen und die vermeintlich so anfällig sind für Beliebigkeit und Willkür. Beides, sowohl das Richtige zu tun als auch auf Basis meiner Werte eine Balance mit gesellschaftlichen Ansprüchen herzustellen, sind diskursive Herausforderungen. Und: Sie hängen eng miteinander zusammen. Wenn ich für mich erkannt habe, was das Richtige ist, dann folge ich Werten. Und umgekehrt gilt (das ist systematisch logischer, aber nicht zwingend praktisch relevanter): Wenn ich klare Werteorientierungen habe, dann kann ich davon recht einfach ableiten, was das Richtige (für mich) ist.

Zusammenfassend lässt sich festhalten, dass Effektivität von Werten abhängt und umgekehrt auf sie verweist. Dabei sind diese grundlegenden Werte letztendlich nicht beliebig, sondern sie müssen im Diskurs vermittelt und legitimiert werden. Zugleich bilden sie die Reibungsflächen, an denen sich auch die Werte anderer Akteure bewähren müssen: Gegenseitige Ansprüche prallen aufeinander und schleifen einander ab, um in eine Balance zu kommen, in eine Balance, die niemals starr sein kann, sondern in ihren ständigen Aushandlungsprozessen immer wieder austariert werden muss.

Wenn man als Unternehmen verantwortlich agieren will und auch so wahrgenommen werden möchte, dann kann eines nicht gegeben sein: Beliebigkeit und Willkür. Ich kann mich nicht auf harte Werte zurückziehen, mit denen ich alles rechtfertigen kann, was mir in den Sinn kommt, Menschenrechtsverletzungen etwa oder Umweltzerstörung. So beliebig und willkürlich, wie manche Kritiker dies behaupten, sind die Wertehaltungen nicht. Es lässt sich nicht bestreiten, dass die Zusammenhänge außerordentlich komplex und bisweilen schwer zu durchschauen sind. Doch gerade in dieser Komplexität liegt die Stärke des Ansatzes, den ich hier vorstellen möchte: Er ist nämlich dazu geeignet, aus der unumgänglichen Komplexität, die am Anfang des Prozesses steht, die angebliche Beliebigkeit herauszufiltern. In dem Moment, in dem ich mich der kritischen Auseinandersetzungen mit gesellschaftlichen Akteuren, mit den Stakeholdern stellen muss, komme ich nicht umhin, meine eigenen Wertehaltungen und das, was ich als richtig gesetzt habe, zu rechtfertigen. Ich muss meine Werte verteidigen und erklären. Und das ist kein einmaliger Akt der Klarstellung, etwa in dem Sinne, dass ich als Unternehmensführer zwei oder drei Argumente nenne und damit die Sache als erledigt ansehen kann, sondern ich muss – ob ich will oder nicht – permanent zu der Frage Stellung nehmen, *warum* das Management das eine tut und das andere nicht.

3.8   Und warum das alles?

Das Fragewort Warum hat es in sich. Denn damit beginnt, zumindest wenn man es grundsätzlich sieht, das ethische Reflektieren. Die Frage „Warum?", mit der Kleinkinder ihre Eltern zu nerven pflegen und die nie abschließend beantwortet wird, ist eine zentrale

Frage im Bereich der Ethik. Denn mit diesem „Warum?" wird die Frage nach den sogenannten Begründungszusammenhängen gestellt. Eine einfache Antwort reicht hier in der
Regel nicht mehr aus. Es wird nach den Gründen gefragt, warum ich bestimmte Handlungen unternehme und andere unterlasse. Damit ist klar, dass es nicht etwa um Fragen
nach der Uhrzeit geht, die mit einem einfachen Blick auf die Uhr beantwortet werden
können und über die man sich rasch verständigen kann. Es geht auch nicht um Fragen,
wie ich ein bestimmtes Instrument oder ein Tool einzusetzen habe. Es geht vielmehr um
eine ganz andere Kategorie von Fragen, um Fragen, die im weiteren Sinne das „gute
Handeln" des Unternehmers betreffen. Die Ethik ist die Wissenschaft vom guten Handeln. Als Teildisziplin der Philosophie fragt sie nach den Gründen, warum ich bestimmte
Handlungen für gut, also für ethisch richtig, halte. Sie fragt demnach nach der Praxis
meines Handelns oder – und das ist die andere Seite der Medaille – nach guten Gründen
dafür, dass ich bestimmte Handlungen unterlasse.

Im Gegensatz zum Begriff Ethik bezieht sich der Begriff Moral immer auf eine
bestimmte Gemeinschaft. Moral legt innerhalb einer Gruppe fest, warum bestimmte
Verhaltensweisen und bestimmte Wertehaltungen Gültigkeit besitzen und andere nicht.
Moral ist definiert als ein Wertesystem, das innerhalb einer bestimmten Gemeinschaft
gilt und für die Mitglieder dieser Gemeinschaft handlungsleitend ist. Die Moral selbst
hinterfragt sich dabei nicht, sie nimmt sich als gegeben hin. Folglich gibt es viele unterschiedliche „Moralen", so wie es auch viele unterschiedliche Gemeinschaften gibt. Diese
Zusammenhänge lassen sich am Beispiel einer Mafiaorganisation deutlich machen.
Auch eine Mafia hat ein Wertesystem, womöglich ein klareres und deutlicheres Wertesystem als viele andere Gemeinschaften. Und damit hat sie eine Moral: Es gibt gerade
in kriminellen Vereinigungen und Organisationen klare Spielregeln und klare Werte, die
einzuhalten sind. Und wie in jeder sozialen Gruppe besteht auch in kriminellen Vereinigungen ein Kennzeichen von Moral darin, dass bestimmte, für gut befundene Handlungen belohnt werden und dass Handlungen, die der Moral widersprechen, sanktioniert
werden.

In solchen „harten" Wertegemeinschaften dürfte die Frage, warum gerade diese Werte
gelten, tabu sein. Es wird nicht hinterfragt, warum beispielsweise gegenüber bestimmten Organisationsmitgliedern eine besondere Loyalität oder gar unbedingter Gehor-
sam gefordert ist. Derlei steht schlicht nicht zur Diskussion. Was als Wert in dieser
Gemeinschaft verstanden wird, hat eine nicht zu hinterfragende Gültigkeit. Das heißt:
In jeder Gemeinschaft gibt es eine Moral, und daraus wiederum folgt, dass es prinzipiell so viele Moralen wie Gemeinschaften gibt und dass diese unterschiedlichen Moralen
nicht nur nichts miteinander zu tun haben müssen, sondern sich von Gemeinschaft zu
Gemeinschaft sogar diametral widersprechen können. Denn es liegt auf der Hand: Die
Wertvorstellungen einer Mafia werden wenig vereinbar sein etwa mit den Werten einer
basisdemokratisch organisierten Community, die sich für Menschenrechte und Frieden
einsetzt. Und gerade weil es prinzipiell ebenso viele gelebte Wertesysteme (also Moralen) und Begründungen gibt, wie es Gemeinschaften gibt, können sie nicht einfach als
allgemeingültig gesetzt werden; sie *müssen* und sie dürfen auch hinterfragt werden!

Damit zurück zur Ethik. Ethische Reflexion beginnt, wie bereits dargestellt, mit der Frage nach dem „Warum?", nach der Begründung: Warum gilt diese oder jene Moral, warum gelten diese oder jene Werte innerhalb einer bestimmten Gemeinschaft? Die ethische Reflexion nun hinterfragt bestehende Wertesysteme und die darin beanspruchte Gültigkeit der Moral. Nehmen Sie etwa die zehn Gebote, die in unserem Kulturkreis weitestgehend bekannt sind. Sieht man von den ersten beiden Geboten ab, die die persönliche Verbindung von Mensch und Gott thematisieren, dann werden die meisten Menschen den moralischen Geboten, etwa dem, nicht zu stehlen oder nicht zu töten, zustimmen. Dennoch kann man Fragen stellen, mit denen diese Gebote ethisch hinterfragt werden. Warum soll man eigentlich nicht lügen oder stehlen? Muss man nicht vielleicht manchmal sogar lügen oder stehlen, wenn sich dadurch größeres Unrecht und Übel abwenden lassen? Oder warum soll man eigentlich nicht töten? Es ist nicht schwer, religiös motivierte Gemeinschaften zu finden, bei denen gerade das Töten zum gottgefälligen Handwerk zu gehören oder gehört zu haben scheint. Auf solche Fragen gibt die Moral in der Regel keine zufriedenstellende Antwort. Das muss die Ethik und mithin die ethische Reflexion tun.

Ethik als Wissenschaft und als philosophische Teildisziplin, die die Frage nach dem guten Handeln stellt, muss also Gründe liefern, warum bestimmte Handlungen wünschenswert oder gar geboten sind und andere nicht. Darüber hinaus obliegt es der Ethik, die immer aktuelle Frage zu behandeln, was ein „gutes Leben" eigentlich ist. Davon abgeleitet gibt es viele andere Teilfragen, etwa: „Was ist Verantwortung?", „Was ist Gerechtigkeit?", „Was ist Selbstbestimmung?", „Wie kann ich und wie soll ich selbstbestimmt leben und arbeiten?", um hier nur einige dieser Fragen zu nennen.

Gutes unternehmerisches Handeln

Da wir uns hier gedanklich aber im Bereich von Organisationen und Unternehmen bewegen, lautet für uns die entsprechende Frage aus ethischer Perspektive: Was ist gutes unternehmerisches Handeln? Was ist gutes Wirtschaften? Oder noch einfacher: Was ist ein gutes Unternehmen? Was ist eine gute Wirtschaft?

Wie bei der Forderung nach den *richtigen* Dingen, die getan werden müssen, um effektiv zu sein, so ist es auch bei der Forderung nach dem *guten* Handeln nicht einfach, für sich zu bestimmen, was gutes unternehmerisches Handeln meint. Um sich dieser Frage anzunähern, hilft es, das Adjektiv „gut" in zwei Hinsichten zu differenzieren. Denn in einer rein technischen oder wirtschaftlichen Redeweise kann „gut" bedeuten, dass es sich bei einem Gegenstand um ein gutes, also ein funktionierendes Produkt handelt: ein gutes Auto etwa, ein gutes Notebook, eine gute Dienstleistung oder Ähnliches. Diese Bedeutung von „gut" ist *funktional:* Es geht darum, dass ein Produkt oder eine Dienstleistung in dem Sinne gut ist, wie es dazu geeignet ist, bestimmte Bedürfnisse zu befriedigen und einen Nutzen zu erfüllen.

Die zweite Dimension von „gut" indes zielt auf die *moralische* Qualität eines Produktes oder einer Dienstleistung. Die Tatsache, dass etwa ein Auto in einem technischen Sinn besonders gut verarbeitet ist und besonders gut funktioniert, macht es noch nicht zu einem Produkt, das auch in einem moralischen Sinn als gut bezeichnet werden kann. Dass gute funktionale Eigenschaften und gute moralische Eigenschaften nicht deckungsgleich sein müssen, zeigen beispielsweise die aktuellen Diskussionen, in denen der Gegensatz zwischen den neuen, sehr großen und relativ verbrauchsstarken Automobilen (man denke an SUVs) einerseits und modernen Mobilitätskonzepten, wie sie gerade in großen Städten zunehmend verbreitet sind (man denke an Carsharing), andererseits debattiert werden.

Die moralische Perspektive zeigt, wie weit ein Produkt gesellschaftlich, also innerhalb einer bestimmten Gemeinschaft, akzeptabel ist. Gerade in der jüngsten Zeit spielt die Frage nach der moralischen Dimension von Produkten eine immer größere Rolle. Mit anderen Worten: Die Einschätzung und Bewertung von Produkten und Dienstleistungen, aber auch von ganzen Unternehmen ist zunehmend moralisch aufgeladen. Es wird immer mehr deutlich, dass ein Unternehmen über die rein technische Dimension seiner Produkte hinaus immer mehr auch moralischen Kriterien und Bewertungen standhalten muss. Der moralische Wert geht damit weit über den eigentlichen Gebrauchswert eines Produktes hinaus.

Wenn nun die Bewertung von Produkten zunehmend moralisch aufgeladen ist und es unterschiedliche Gemeinschaften gibt, die wiederum unterschiedliche Wertehaltungen vertreten, dann ist es offensichtlich, dass es jenseits des Gebrauchswerts von Produkten und Dienstleistungen sehr unterschiedliche moralische Bewertungen eben dieser Güter gibt. Mehr noch als die funktionale Bewertung hängt die moralische Bewertung entscheidend von den Wertehaltungen der unterschiedlichen Gemeinschaften ab. Was für die eine Wertegemeinschaft als moralisch und funktional gut gilt, kann für die andere schon schlecht und böse sein.

Jede Bewertung ist letztendlich abhängig von den Moralvorstellungen, also von den Werten, die innerhalb einer bestimmten Gemeinschaft gelten. Einmal mehr zeigt sich am Beispiel von „guten" Produkten oder Dienstleistungen, dass nicht allgemein verbindlich geregelt sein kann, was denn nun als gut und böse oder als richtig und falsch anzusehen ist. Wieder einmal ist die Ethik aufgefordert, darüber zu reflektieren, welche Moral eigentlich die bessere ist. Doch kann man überhaupt sagen, dass eine Moral besser oder schlechter ist als eine andere? Müsste nicht die Ethik selbst Kriterien an moralische Wertungen und an moralische Forderungen anlegen und somit die moralischen Wertungen ihrerseits aus übergeordneter Perspektive werten? Zumindest müsste sie moralische Wertungen, die aus moralischen Vorstellungen entspringen, kommentieren, analysieren und beurteilen. Beileibe eine schwierige Aufgabe! Denn es besteht die Gefahr, dass die Ethik in einen Zirkel gerät, dass sie sich gleichsam selbst als alleinig gut bewertet und damit andere Vorstellungen von richtig und falsch ausschließt. Zumindest wäre das zu erwarten, wenn man von metaphysischen Größen ausgeht, die als Grundvoraussetzung und Grundbedingtheit aller Werte und aller moralischen Forderungen angesehen werden: In religiösen Gemeinschaften kann eine solche metaphysische Größe etwa die Vorstellung eines Gottes sein, in dem Werte begründet liegen und von dem aus ethische oder moralische Forderungen abgeleitet werden. Ähnlich kann man aber auch etwa der Umwelt einen besonderen Wert zuschreiben, anhand dessen unser Handeln bewertet wird. Oder man misst in einem humanistischen Sinne den Menschen einen besonderen Wert bei, der – ob nun in gesellschaftlichen oder auch in unternehmerischen Zusammenhängen – handlungsleitend sein soll.

Pluralistische Wertegemeinschaften

Wie auch immer nun diese einzelnen ethischen Begründungszusammenhänge sein mögen: Sie müssen immer dann, wenn sie mit anderen Begründungszusammenhängen aufeinandertreffen, mit Argumenten gerechtfertigt werden. Auch ethische Begründungen müssen verteidigt werden, und zugleich bieten sie eine Reibungsfläche, die anderen Vorstellungen von Gut und Böse einen Spiegel vorhält und diese zur Verteidigung herausfordert.

Der beschriebene Wettstreit zwischen ethischen Begründungen und Konzepten scheint analog zu sein zu den oben dargelegten Zusammenhängen im Modell der Kernverantwortung von Unternehmen. Denn die Kernwerte, die ein Unternehmen vertritt, tragen dort maßgeblich zur Bestimmung seiner Kernverantwortung bei.

Erinnern wir uns: An dieser Stelle trat der Vorwurf der Beliebigkeit auf dem Plan. Wenn man nun keine fundamentale Position einnehmen und die eigenen Wertevorstellungen so verabsolutieren will, dass man Gegenpositionen keinerlei Existenzrecht zuschreibt, dann führt an einer diskursiven Auseinandersetzung, die zwischen Vertretern und Vertreterinnen von unterschiedlichen Wertegemeinschaften stattfindet, kein Weg vorbei. Gerade in einer offenen pluralistischen Gesellschaft wie der unseren scheint dies der vorgezeichnete Weg zu sein. In lebhafter Auseinandersetzung, in kritischer Konfrontation der unterschiedlichsten Akteure mit den unterschiedlichsten Wertehaltungen entsteht ein Diskurs, in dem all die zentralen Themen, die relevant sind und die geklärt werden müssen, verhandelt werden. Diese Themen könnten beispielsweise die erwähnte Debatte über moderne Mobilitätskonzepte, die Frage der Energieversorgung, der Energieeffizienz von Unternehmen oder auch nach der Umweltbelastung durch Unternehmen sein, um nur einige zu nennen.

Welche Vorstellung welcher Gemeinschaft sich am Ende durchsetzen wird, ist unklar. Ich wage zu behaupten, dass es in diesem Wettstreit einen Sieger, wenn man diesen Ausdruck überhaupt verwenden will, nicht geben wird. Der Wettstreit der Werte wird vielmehr in einen Balanceakt münden, in dem die Gemeinschaften mit ihren unterschiedlichen Wertehaltungen ihre Ansprüche miteinander austarieren.

Hat damit die Ethik verloren? Keineswegs. Denn wenngleich es nicht möglich sein wird, *eine* allumfassende Wertevorstellung für alle Menschen an allen Orten dieser Welt zu jedem Zeitpunkt herzustellen, so können doch die unterschiedlichen Ethiken, also die jeweils unterschiedlichen Begründungszusammenhänge, denen die Menschen und Gruppen den Vorzug geben, die an diesem großen Diskurs beteiligt sind, Orientierung geben. Die ethische Reflexion einerseits sowie die Verbundenheit und Rückbindung mit einer ethischen Konzeption andererseits vermögen den Einzelnen am Diskurs beteiligten Individuen einen Halt zu geben. Für die strategischen Herausforderungen einer Unternehmensführung – und das ist der entscheidende Punkt an dieser Stelle – bedeutet dies: Aus diesem Diskurs kann abgeleitet werden, was das Richtige ist. Je stärker und intensiver also die diskursiven Wechselwirkungen zwischen den einzelnen Akteuren in Wirtschaft, Gesellschaft und Politik sind, desto wichtiger und bedeutsamer sind nachgerade die ethischen Reflexionen und Konzeptionen, auf die sie sich beziehen und an denen sie sich orientieren.

Dirty Ethics – oder die Verantwortung schmutziger Branchen

4

Dass die gesellschaftliche Verantwortung von Unternehmen sehr spezifisch ist und nicht zuletzt vom jeweiligen Kerngeschäft abhängt, habe ich im Zusammenhang mit dem Modell der Kernverantwortung schon deutlich gemacht. Dennoch wird es sich oft nicht vermeiden lassen, dass bestimmten Branchen von außen generell eine bestimmte Verantwortlichkeit zugesprochen wird. Mit dieser Zuschreibung und mit dem allgemein verbreiteten Image einer Branche schwingt auch eine grundsätzliche – bewusste oder unbewusste – Bewertung derjenigen Unternehmen mit, die dieser Branche angehören. Um es wieder an einem Beispiel zu verdeutlichen: Unternehmen, die in der Bio-Branche oder im Feld der erneuerbaren Energien tätig sind, stehen aktuell weit oben in der Tabelle der positiv bewerteten Unternehmen. Die Produkte und Dienstleistungen, die sie anbieten, sind derzeit in der gesellschaftlichen Diskussion grundsätzlich hoch angesehen. Bei ihnen würde man wohl am wenigsten erwarten, dass sie über eine eher dürftige Unternehmensethik verfügen. Schließlich gehören sie zu einem Wirtschaftszweig, mit dem sich per se positive Assoziationen verbinden. Fast unhinterfragt, erkennt die Gesellschaft in einer solchen Branche einen sauberen Wirtschaftszweig, dessen Produkte, Dienstleistungen und Methoden grundsätzlich – und deshalb auch aus ethischer Sicht – korrekt sind.

Doch bei distanzierter Betrachtung ist anzumerken: Ob in Unternehmen dieser Branchen auch tatsächlich alles in Ordnung ist, ob die Mitarbeiter fair behandelt und angemessen bezahlt werden oder ob das Unternehmen auf einer transparenten Organisationsstruktur und kompetenten Führung aufbaut, ergibt sich logisch zwingend nicht schon allein aus dem Umstand, dass das Unternehmen in einer Branche angesiedelt ist, die nach dem gegenwärtigen Zeitgeist positiv beurteilt wird. Dennoch wird gerade dies von breiten Teilen der Gesellschaft grundsätzlich als sehr wahrscheinlich angenommen.

© Springer Fachmedien Wiesbaden 2016
M. Schmidt, *Reichweite und Grenzen unternehmerischer Verantwortung*,
DOI 10.1007/978-3-658-13638-3_4

4.1   Das andere Ende der Skala

Blicken wir an das andere Ende der Skala zwischen Gut und Böse, zwischen Sauber und Schmutzig: Wie sieht es bei Unternehmen aus, die in Branchen tätig sind, deren Legitimation nicht so eindeutig ist, wie es in den vermeintlich sauberen Branchen der Fall ist? Insbesondere vier Branchen können rasch ausgemacht werden, bei denen man in Sachen Corporate Responsibility schnell die Stirn runzelt und fragt, ob sie denn tatsächlich schon allein wegen ihrer Geschäftsausrichtung überhaupt als verantwortliche Akteure angesehen werden können. Vielfach wird sogar prinzipiell angezweifelt, ob solche Unternehmen überhaupt eine glaubhafte Unternehmensethik haben können. Würde man bei ihnen nicht vielmehr den Anspruch an eine saubere Unternehmensethik unterlaufen, wenn man sie analog zu den Unternehmen mit den sauberen Produkten und Dienstleistungen bewerten würde? Mit anderen Worten: Was Unternehmen in moralisch fragwürdigen Branchen an gesellschaftlicher und unternehmerischer Verantwortung wahrnehmen, könnte allenfalls als Dirty Ethics – als die Ethik vermeintlich „schmutziger" Branchen – bezeichnet werden.

Die vier Branchen, deren Corporate Responsibility man in diesem Bereich der Dirty Ethics ansiedeln könnte, sind die Rüstungs-, die Tabak-, die Glücksspiel- und die Sexbranche. Sicher ließen sich, je nachdem wie eng oder weit man den Begriff der der Dirty Ethics fasst, noch weitere Branchen ausmachen, die man grundsätzlich mit einem moralischen Fragezeichen versehen könnte; aktuell könnte man vielleicht auch die Finanzbranche als einen Grenzgänger zwischen Gut und Böse interpretieren.

Bei mindestens einer Branche ist meines Erachtens aktuell noch nicht ausgelotet, ob sie zu den sauberen oder den schmutzigen gehören wird: die Branche der Computerspiele, in ihren verschiedenen Facetten als Online-Games auf dem Spiele-PC zu Hause oder in ihrer mobilen Applikation für das Handy unterwegs. Das Geschäftsmodell dieser Branche scheint ja nachgerade darauf aufgebaut zu sein, die Spieler auf Dauer abhängig, also süchtig zu machen. Denn nur wenn es die Spieleindustrie schafft, ihre Kundschaft über Jahre mehrere Stunden täglich an ihre Spiele zu fesseln, und sie dazu bringt, sich weitere Features zu kaufen, werden die Spiele erst wirtschaftlich. Unter diesem Blickwinkel betrachtet, steht diese Branche in nichts der Tabakbranche nach, die ihre Produkte ebenfalls mit einem bestimmten Lifestyle in Verbindung bringt, dadurch versucht, sie attraktiv zu machen, und die letztlich auch von der möglichen Sucht der Raucher profitiert. Es gibt nur einen Unterschied. Die Zahl der Raucher hat in den letzten Jahren abgenommen und bei vielen Jugendlichen gilt Rauchen zunehmend als uncool. Genau diese Klientel, die Jugendlichen, findet indes immer mehr Gefallen an den Spielen der Computerindustrie und ist entsprechend verführbar. So wächst die Branche immer stärker, womit perspektivisch auch die Zahl der Spielsüchtigen und Computerabhängigen zunehmen wird. Und diese werden, so das höchstwahrscheinliche Kalkül der Spieleindustrie, dann auch als Erwachsene gute Umsätze bringen.

Es ist wohl unstrittig, dass Suchtverhalten als nicht wünschenswert angesehen werden kann. Wenn die Spieleindustrie aber genau darauf ihre Geschäftsmodelle aufbaut, dann müsste diese Branche wie auch die Tabakindustrie und die Glücksspielbranche unter die Rubrik „Dirty Ethics" fallen. Gleichwohl dürfte es gegenwärtig noch große Teile der Gesellschaft und insbesondere der Wirtschaft geben, die meiner Einschätzung hier vehement widersprechen würden und in der Spieleindustrie eine tolle Wachstumsperspektive mit vielen neuen Möglichkeiten und Entwicklungschancen für die User sehen wollen – ein Beleg dafür, wie sehr die Bewertung als moralisch schmutzige oder saubere Branche von den Wertevorstellungen bestimmter Gemeinschaften und nicht zuletzt vom Zeitgeist abhängt (Ich erinnere beispielsweise an die heute undenkbaren TV-Talkshows in den 1970er Jahren, in denen man vor lauter Zigarrenqualm die geladenen Gäste kaum mehr erkennen konnte).

Das Phänomen der Doppelbödigkeit

Eines verbindet die Branchen und Unternehmen, die ich den Dirty Ethics zuordne: Bei der Bewertung ihres Kerngeschäfts polarisieren sie die öffentliche Meinung in eine tendenziell negative Richtung. Auch wenn es durchaus sehr unterschiedliche individuelle Meinungen geben kann und dementsprechend auch moralische Bewertungen, wie Produkte und Dienstleistungen dieser Branchen gesehen werden, so liegt dennoch der größte gesellschaftliche Konsens bei einer negativen Bewertung – zumindest den öffentlichen Verlautbarungen nach, die aber bekanntlich nicht unbedingt den eigenen Handlungen mancher echauffierter Moralisten entsprechen müssen.

Aus dieser Unschärfe, aus dieser Doppelbödigkeit in der Haltung gegenüber Unternehmen in der Dirty-Ethics-Branche resultiert nicht zuletzt das Problem, dass Unternehmen oder einzelne Angehörige dieser Branche besonders anfällig für kriminelle Machenschaften sind. Dass eine große Nachfrage auch nach den Angeboten von Unternehmen aus diesen Branchen besteht, ist unstrittig; deshalb werden im Schatten der vermeintlich sauberen Moral aber auch Geschäfte „anderer Art" abgewickelt. Denn die genaue Grenzziehung zwischen legal und illegal wird bisweilen heftig diskutiert. Man denke hier etwa an Rüstungsexporte, die je nach politischer Auffassung der jeweiligen Regierung gerade noch bewilligt oder schon verboten werden, oder an die Diskussionen um die Prostitutionsgesetzgebung und die gesellschaftliche sowie wirtschaftliche Stellung der Menschen in diesem Geschäftsfeld.

Gleichwohl – und das möchte ich an dieser Stelle ausdrücklich betonen – spreche ich nicht von Dirty Ethics, wenn die Grenze zur Illegalität bereits überschritten ist. In diesem Fall befinden wir uns klar im Bereich des Kriminellen, und das kann auf der Diskussionsebene dieses Buches keine ernsthafte Fragestellung zur Unternehmensverantwortung bieten. Meine Überlegungen im Zusammenhang mit Dirty Ethics stelle ich vielmehr dort an, wo die Geschäftstätigkeit der betroffenen Unternehmen sehr wohl – wenn auch manchmal gerade noch – legal und gesetzeskonform ist, aber eben in der allgemeinen gesellschaftlichen Diskussion sehr unterschiedlich und in der Regel negativ bewertet wird.

Um es nochmals zu verdeutlichen: Es geht mir hier nicht darum, eine „Ganovenehre" oder gar eine kriminell motivierte Moral zu verteidigen. Gerade in dem Bereich aber, den ich unter den Begriff der Dirty Ethics fasse, wird eine gewisse Doppelmoral sichtbar, die die Diskussion um Unternehmensethik und Corporate Responsibility auszeichnet. Denn die Kriterien, die bei der Bewertung von Unternehmen der vermeintlich sauberen Branchen angesetzt werden, können genauso gut auf die Unternehmen im Bereich der Branchen der Dirty Ethics angewandt werden.

Betrachten wir beispielsweise den Umgang mit dem Personal: Es gibt keinen ernsthaften Grund anzunehmen, dass in einem Unternehmen der Rüstungs- oder der Tabakbranche ein weniger wertschätzender Umgang mit den Mitarbeitern gepflegt werden sollte als in einem Unternehmen aus der Bio-Branche. Ganz im Gegenteil: Es ist nicht von der Hand zu weisen, dass gerade Unternehmen, die sich in einem Umfeld bewegen, das dem Zeitgeist entsprechend durch eine moralisch positive Bewertung besonders exponiert sind, von ihrem Personal besonders viel verlangen. Immerhin – so hört man bisweilen munkeln – rechtfertigt die gute Sache, für die man unterwegs ist, auch einen besonders hohen Einsatz, und den kann man dann durchaus auch von den Beschäftigten einfordern. Dasselbe gilt natürlich ebenso für viele andere Aspekte, unter denen die Corporate Responsibility von Unternehmen durchleuchtet wird. Eine ernsthafte und aufgeklärte Diskussion über Moralität und Verantwortung von Unternehmen, sei es nun in den vermeintlich sauberen oder den vermeintlich schmutzigen Branchen, kann also nur dann geführt werden, wenn man verschiedene relevante Ebenen der Verantwortlichkeit auseinanderhält. Doch das ist bislang leider zu wenig der Fall.

Keine vorschnellen persönlichen Bewertungen

Solange sich nun Unternehmen mit ihrer Geschäftstätigkeit im Bereich des Legalen bewegen und keine kriminellen Strukturen zeigen, sollten wir vorsichtig sein, sie nach unseren eigenen Wertehaltungen – weil wir ihren Geschäften womöglich wenig wohlgesonnen sind – vorschnell allgemein zu verurteilen. Dies gilt bei einer ganz persönlichen Bewertung.

Sieht man diese Frage in einem gesamtgesellschaftlichen Diskurszusammenhang, stellt sie sich noch deutlich komplexer dar. Wenn ich persönlich ein absoluter Gegner von Waffen bin, gute Gründe für diese Haltung habe und für mich auch eindeutig klar ist, dass ich in meinem Haus keine Waffen dulde, so kann ich dennoch nicht davon ausgehen oder gar erwarten, dass diese Haltung auf der gesamtgesellschaftlichen Ebene ebenso unbestritten ist. Ich kann also aus einer gesellschaftlichen Perspektive kein Unternehmen oder dessen Mitarbeitende deshalb pauschal verurteilen, weil sie im Rüstungsbereich tätig sind, auch wenn ich persönlich damit nichts zu tun haben möchte. Analog müsste ich, wenn ich den Hype um Bio-Produkte für Spinnerei halte, ebenso davon ausgehen, dass alle Unternehmen dieser Branche zu verurteilen seien. Eine solche Auffassung würde Kopfschütteln hervorrufen. Es handelt sich ja auch hier um meine sehr persönliche Meinung, und wenn ich kein Bio-Brötchen essen möchte, dann kann ich es einfach sein lassen. In diesem Zusammenhang gedacht, verhält es sich mit Bio-Produkten nicht anders als mit Rüstungsprodukten. Und selbst wenn man nun auf die Lebensbedrohlichkeit von Waffen abhebt, die bei einem ordnungsgemäß verspeisten Bio-Brötchen eher nicht besteht, bleibt es dabei: Im gesamtgesellschaftlichen Diskurs – der letztendlich auch die politische Willensbildung beeinflussen kann und vice versa – sind sehr unterschiedliche Positionen und Haltungen zu finden, die eine allgemeingültige Bewertung ausnehmend schwierig, ja eigentlich unmöglich machen.

Die Gesellschaft kann Produkten oder Unternehmen eine Legitimität verleihen, die nicht mit meiner individuellen Wertung übereinstimmt. Eine (vor-)schnelle, persönliche Bewertung der Corporate Responsibility eines Unternehmens hält also einer genauen Überprüfung nicht stand – und zwar weder in ethischer noch in einer banalen monetären Hinsicht. Ohnehin gilt ganz grundsätzlich: Man kann die Corporate Responsibility eines Unternehmens nicht einfach messen, wie viele Unternehmen das vergeblich versuchen, sondern man muss sie aus einer umfassenderen ethischen Perspektive beurteilen.

4.2 Professionelle Beurteilung jenseits von Gut und Böse

Eine professionelle Beurteilung der Corporate Responsibility eines Unternehmens oder einer anderen Organisation muss also frei sein von individuellen oder kollektiven Vorbewertungen einer Branche oder eines bestimmten Geschäftsfeldes. Die professionelle Perspektive muss von persönlichen Vorurteilen absehen. Sie muss gewissermaßen – wie dargelegt: im Rahmen der Legalität – von Gut und Böse abstrahieren. Ein Unternehmen aus den Branchen, die unter die Dirty Ethics fallen, darf in dieser Beurteilung zumindest von vorneherein nicht als schlechter angesehen werden als beispielsweise ein Unternehmen aus der Bio-Branche oder aus der Branche nachwachsender Energien.

Am Rande möchte ich anmerken: Ich ziehe hier bewusst die Grenze an der Linie zwischen legal und illegal. Dass selbstverständlich auch illegale Machenschaften von manchen Menschen als wünschenswert und ethisch korrekt angesehen werden und umgekehrt legale Aktivitäten als verwerflich, soll an dieser Stelle nicht als Kriterium gelten. Dieses Problem kann aber nicht Gegenstand einer hier verhandelten Unternehmensethik sein, sondern gehört in den Bereich der Zivilcourage: Wenn Menschen mit guten Gründen und bewusst gegen Gesetze verstoßen, dann müssen sie auch konsequenterweise mit den Folgen rechnen und diese nach ihrem ethischen Verständnis verantworten und in Kauf nehmen. Diese Idee jedoch für Unternehmen zu formulieren, ist wenig sinnvoll und im Sinne eines funktionierenden wirtschaftlichen und gesellschaftlichen Miteinanders auch nicht wünschenswert. Denn in einem Unternehmen arbeiten in aller Regel viele Menschen miteinander, und ich kann nicht zwingend davon ausgehen, dass es auch für sie ein wünschenswertes Verhalten darstellt, die Grenzen der Legalität zu überschreiten. Substanzielle Verschiebungen dessen, was als legal angesehen wird, können natürlich über einen längeren Zeitraum innerhalb einer Gesellschaft auftreten und sind dann mittelbar das Ergebnis eines gesamtgesellschaftlichen Diskurses.

Ein unvoreingenommener, professioneller Blick auf die Corporate Responsibility einer Organisation muss also alle legalen Unternehmen und Organisationen zunächst einmal als in gleichem Maße konstitutiv für unsere Wirtschaft und Gesellschaft ansehen. Die Unterscheidung von sauber und schmutzig, von gut oder böse, ist an dieser Stelle nicht sinnvoll. Es geht darum, zunächst einmal anzuerkennen, dass alle diese legalen Organisationen im wirtschaftlichen und gesellschaftlichen Zusammenhang eine grundsätzlich gleichberechtigte Rolle spielen und mit der Art und Weise ihrer Geschäftstätigkeiten und selbstverständlich auch mit ihren Produkten und Dienstleistungen die wirtschaftliche und gesellschaftliche Dynamik maßgeblich beeinflussen. In ihrem Zusammenwirken, untereinander und mit anderen Akteuren, bringen sie überhaupt erst das hervor, was wir Wirtschaft nennen. Einzelne Unternehmen oder Branchen aber je nach einer oberflächlich angesetzten Moral auszublenden oder besonders hervorzuheben, ist nicht nur falsch, sondern trägt wenig dazu bei, eine mit plausiblen und logischen Argumenten begründbare Unternehmensethik zu entwerfen, die auch das gesamtgesellschaftliche Gefüge ernsthaft im Blick hat. Die professionelle Grundhaltung für eine belastbare Beurteilung der Corporate Responsibility eines Unternehmens, egal welcher Branche, muss in sich zunächst einmal werteneutral sein.

4.3   Verantwortungszusammenhänge identifizieren

Mit dem eben beschriebenen, unvoreingenommenen Blick auf das Unternehmen und die Zusammenhänge, in denen es steht, muss nun ein Verantwortungsprofil des Unternehmens in dem Umfeld, das für es relevant ist, erstellt werden. Dabei gilt es, die grundsätzliche Sphäre seiner Verantwortlichkeit zu identifizieren, um herauszufinden, an welchen Stellen seiner unternehmerischen Tätigkeiten und gesellschaftlichen Wirksamkeiten es besonders verantwortlich ist und an welchen nicht. Mit anderen Worten: Will man eine Organisation unter der Perspektive der Unternehmensethik professionell beurteilen, muss man die Kernverantwortung dieser Organisation identifizieren. Und dies nicht nur in einem engen Sinn: Es reicht nicht aus, das Zusammenspiel der schon besagten drei Aspekte von Kerngeschäft, Kernwirkung und Kernwerten zu betrachten. In einem weiteren Schritt muss man – sozusagen in Antizipation kommender Diskussionen – den Blickwinkel auf die Diskussionszusammenhänge und Themen, die im gesellschaftlichen Diskurs verhandelt werden, erweitern. Denn nur mit Blick auf dieses soziale Gesamtgefüge, innerhalb dessen eine Balance angestrebt werden muss, lässt sich ein begründetes und echtes Verantwortungsprofil entwickeln.

Werteneutraler Blick statt Vorverurteilung
Auf dieser sehr grundsätzlichen Ebene wird in einem ersten Schritt überhaupt erst einmal überlegt, wo das Unternehmen und seine Geschäftstätigkeit in einem umfassenden wirtschaftlichen und gesellschaftlichen (und damit nicht zuletzt auch politischen) Verantwortungszusammenhang anzusiedeln ist. Dabei ist diese Einordnung mit einem

werteneutralen Blick etwas völlig anderes als die oben diskutierte Vorverurteilung aus einem persönlichen oder bloß vermeintlich objektiven moralischen Blickwinkel. Und auch das Anliegen ist ein anderes: Es geht nicht darum, bestimmte Unternehmen oder bestimmte Branchen auszuschließen oder besonders hervorzuheben; ebenso wenig geht es darum, gute Insider und schlechte Outsider zu markieren. Vielmehr geht es darum, den Verantwortungszusammenhang, in dem das Unternehmen steht, zu analysieren und auf dieser Basis ein individuelles und belastbares Verantwortungsprofil zu erstellen. Dieses Profil soll deutlich machen, in welchen Bereichen seiner Geschäftstätigkeit das betrachtete Unternehmen besonders verantwortlich und moralisch sensibel ist und in welchen Bereichen nicht.

Auch wenn anzunehmen ist, dass Unternehmen mit einer ähnlichen Geschäftsausrichtung tendenziell in einem ähnlichen Verantwortungszusammenhang stehen, so handelt es sich dennoch, auf der prinzipiellen Ebene, die ich hier betrachte, grundsätzlich um einen individuellen Verantwortungszusammenhang. Denn gerade in der professionellen Beurteilung von Kerngeschäft, Kernwirkung und insbesondere den Kernwerten eines Unternehmens, die in ihrem Zusammenspiel dessen selbstbestimmte Kernverantwortung ergeben, liegt in hohem Maße eine individuelle Komponente, die so nicht verallgemeinert werden kann – auch dann nicht, wenn sie im gesellschaftlichen Diskurszusammenhang mit den dort verhandelten Themen und Wertungen ausbalanciert werden muss.

Moralischer Heuchelei den Boden entziehen
Diesen individuellen Verantwortungszusammenhang zu bestimmen, ist somit die systematisch erste Stufe, die erklommen werden muss, wenn man ernsthaft und fundiert über die Verantwortlichkeit und die konkrete Verantwortung einer Organisation sprechen möchte. Verbunden damit ist eine Reflexion darauf, wie das Unternehmen in Wechselwirkung mit dem komplexen Umfeld, in dem es sich befindet, steht. Wichtig auf dieser ersten Stufe ist zu beurteilen, welche grundsätzliche Verantwortung dieser Organisation zugeschrieben werden kann. Damit ist aber auch klar: Hier wird der Grundstein dafür gelegt, die Reichweite und die Grenzen der individuellen unternehmerischen Verantwortung festzulegen. Die allermeisten bisher (handels-)üblichen Konzeptionen zur Abbildung einer Corporate Responsibility, mit denen Organisationen beleuchtet und analysiert werden sollen, weichen in einem entscheidenden Punkt von dem hier von mir dargelegten Modell ab: Sie setzen frühestens nach diesem eben beschriebenen Schritt an. Dabei werden in der Regel bestimmte Themen- oder Handlungsfelder – oder wie auch immer die üblichen Felder benannt sein mögen – vorgegeben, aus denen sich in einem mehr oder minder komplizierten Prozedere Checklisten ableiten lassen. Diese Listen können dann abgearbeitet werden. Das Problem daran ist: Ein rekursiver, konkret am Unternehmen orientierter Bezug der überprüften Maßnahmen mit den vordefinierten Themenfeldern und insbesondere mit dem eigenen Verantwortungsprofil, das grundlegend reflektiert und professionell beurteilt werden muss, bleibt weitestgehend außen vor.

Wenn dieser erste Schritt nicht absolviert wird, dann fehlt eine grundlegende Entscheidung, die an dieser Stelle getroffen wird: Gelingt es, für das Unternehmen oder für

eine sonstige Organisation eine tatsächlich belastbare und begründbare Unternehmensethik zu entwerfen? Oder neigt sich das Unternehmen in einem vorgegebenen moralischen Bewertungsraster lediglich etwas mehr zur einen oder zur anderen Seite?

Erst im grundsätzlichen Rekurs auf die gesamtgesellschaftlichen Diskurszusammen-
hänge und mithin auch auf die Lebens- und Handlungsvollzüge ist es möglich, eine
professionelle, unvoreingenommene Haltung gegenüber einem Unternehmen zu entwickeln, ganz unabhängig davon, in welchem Geschäftsfeld es sich befindet, und ganz
egal, ob es sich in den vermeintlich sauberen oder den vermeintlich schmutzigen Branchen, also unter der Rubrik Dirty Ethics, bewegt. Dadurch erst wird es möglich, dass
Unternehmen der unterschiedlichsten Branchen hinsichtlich der Wahrnehmung ihrer
gesellschaftlichen und unternehmerischen Verantwortung auf einer prinzipiellen Ebene
miteinander vergleichbar werden. Das heißt: Wenn diese Grundreflexion, diese grundlegende Beurteilung von Unternehmen in ihrem jeweiligen Verantwortungszusammenhang
vorgenommen wird, können aus unternehmensethischer Perspektive beispielsweise auch
Unternehmen aus der Bio-Branche auf Augenhöhe mit Unternehmen aus der Rüstungs-
oder der Sexbranche miteinander verglichen werden.

Bleibt man bei dem prinzipiellen Blickwinkel, die Verantwortung der Unternehmen
auf ihre Verantwortung in Gesellschaft und Wirtschaft hin abzuklopfen, dann ist es aus-
geschlossen, dass man bei der ethischen Bewertung auf moralische Vorverurteilungen
oder illusionäre Unterscheidungen von „schmutzig" und „sauber" hereinfällt. Die Differenz zwischen Clean Ethics und Dirty Ethics wird dadurch aufgelöst – und zugleich wird
moralischer Heuchelei und Doppelbödigkeit die Grundlage entzogen.

Societal Discourse – die strategische Herausforderung zukunftsfähiger Organisationen

Allgemeingültige Werte gibt es nicht. Dies ist eine wichtige Erkenntnis für die strategische Unternehmensführung. Denn Unternehmen agieren, wie ich schon festgestellt habe, nicht losgelöst von vorgegebenen Bezugspunkten. Sie sind eingebunden in Sphären von Werten, durch die sie aufgefordert werden, eine Verantwortung wahrzunehmen, die über betriebswirtschaftliche Zusammenhänge hinausgeht, eine Verantwortung, die mehr ist als Compliance, das bloße Einhalten von Gesetzen. Wie kann ich nun mein Unternehmen in einem diffusen Feld von sehr vielen Werten, mit denen ich konfrontiert bin, führen? Vor allem: Wie kann ich dabei zugleich nachweisen, dass ich selbst verbindlich handle, sodass ich für andere Akteure verlässlich bin und mich an den Werten, die ich vertrete, messen lassen kann?

Diese Aufgabe, dieser Balanceakt ist eine der zentralen Herausforderungen für eine zukunftsfähige Unternehmensführung. Daher macht es unternehmerisch Sinn, wenn sich Unternehmer und Manager mit dem sogenannten Societal Discourse befassen. Er bildet gleichsam die Hintergrundfolie, vor der alle gesellschaftlichen, wirtschaftlichen und politischen Aktivitäten stattfinden. Selbstverständlich nehmen auch die bekannten Stakeholdergruppen an diesem Diskurs teil, aber nicht im Sinne eines bilateralen oder multilateralen Stakeholderdialoges, also indem beispielsweise Vertreter dieser Gruppen von einem Unternehmen eingeladen werden, um ihre Ansprüche vorzutragen oder zu bestimmten Themen, die das Unternehmen vorgibt, Stellung zu beziehen.

Obwohl ein solcher Stakeholderdialog durchaus komplex ist, verläuft er im Vergleich zum Societal Discourse vergleichsweise linear. Denn der Societal Discourse findet quasi im Rücken des Unternehmens statt, ja sogar im Rücken aller Beteiligten. Er

© Springer Fachmedien Wiesbaden 2016
M. Schmidt, *Reichweite und Grenzen unternehmerischer Verantwortung*,
DOI 10.1007/978-3-658-13638-3_5

ist gewissermaßen immer schon da und schreibt sich immerzu fort. Dieser Diskurs wird insgesamt auch nicht begonnen oder beendet, sondern er ist ein Prozess der gesamten Meinungsbildung und der gesamten Auseinandersetzung der Menschen innerhalb einer Gesellschaft mit Themen, die für sie relevant und bedeutsam sind. Als Person oder als Unternehmen kann man sich an dieser Debatte beteiligen. Mehr noch: Prinzipiell kann man sich dieser Auseinandersetzung gar nicht entziehen. Insofern tut ein Unternehmen gut daran, sich mit diesem Diskurs zu befassen und die Themen zu sondieren, die in diesem gesellschaftlichen Diskurs besonders stark oder besonders heftig debattiert werden. Denn ob sie will oder nicht: Jede Organisation steht im Spannungsfeld dieser Themen, sie kann sich ihnen nicht entziehen.

Ein Unternehmen kann natürlich diesen Diskurs ignorieren und gleichwohl irgendwie den Überlebenskampf gegen die Konkurrenz meistern, besonders wenn es so klein ist, dass es lediglich in seiner unmittelbaren Nachbarschaft und auf eine bestimmte kleine Anzahl von Themen reagieren muss. Je größer aber ein Unternehmen ist, je bedeutsamer seine Stellung ist und je offenkundiger es in der Öffentlichkeit wahrgenommen und beobachtet wird, desto besser sollte es in Sachen Societal Discourse aufgestellt sein. Im Idealfall hat ein Unternehmen eine möglichst klare Haltung gegenüber denjenigen Themen, die in diesem gesellschaftlichen Diskurs prominent diskutiert werden. Denn es wird sich, wie erläutert, aus diesen Themen nicht heraushalten können. Vielmehr stellen die Themenbereiche, die im Societal Discourse diskutiert werden, den Rahmen für alle strategischen Entscheidungen der Organisation oder des Unternehmens dar. Lange bevor irgendwelche Zahlenwerke herangezogen werden können, um Strategien messbar und damit zahlenmäßig bewertbar zu machen, müssen relevante Themen eingeschätzt, qualitativ beurteilt und dann in richtige Entscheidungen und Handlungen für das Unternehmen überführt werden.

5.1   Was wird im gesellschaftlichen Diskurs verhandelt?

Um welche Themen geht es beim Societal Discourse? Es sind die großen, unausweichlichen und allgegenwärtigen Herausforderungen, auf die nicht nur Unternehmen, sondern ganze Gesellschaften reagieren müssen. Ein bekanntes Thema, das mittlerweile ganz selbstverständlich diskutiert wird, ist der demografische Wandel. Vor welchen demografischen Herausforderungen steht unsere Gesellschaft? Und was bedeutet dieser demografische Wandel für ein Unternehmen? Es ist bekannt, dass ein daraus erwachsendes Problem die Sorge ist, dass sich künftig nicht mehr alle offenen Stellen mit qualifiziertem Personal besetzen lassen werden. Aber auch im Hinblick auf die Kunden ergeben sich Herausforderungen durch den demografischen Wandel, etwa wenn Produkte speziell für die wachsende Gruppe der Senioren entwickelt und vermarktet werden müssen.

Ein anderes wichtiges Themenfeld stellt die Digitalisierung dar, die zunehmend unter den Schlagworten „Industrie 4.0" und „Internet der Dinge" verhandelt wird. Wie wirkt sich die Digitalisierung aller Lebensbereiche auf ein Unternehmen aus? Welche Prozesse können digitalisiert werden? Welche Kommunikationsformen sind die effizientesten? Und nicht zuletzt: Wie können wir informationsbasiert nützliche Produkte oder Dienstleistungen anbieten und dabei zugleich unserer Verantwortung gerecht werden?

Die Liste der Themen lässt sich fortsetzen: Zu Fragen der Diversität und der Integration muss ein Unternehmen Stellung beziehen, nicht zuletzt auch im Kontext der aktuellen Flüchtlingsdebatte. Wie verhält sich ein Unternehmen in einer zunehmend pluralistischen und vielfältigen Gesellschaft, in der Menschen mit unterschiedlichsten Wertehaltungen und unterschiedlichsten Identitäten aufeinandertreffen? Ohnehin ist es fraglich, ob es überhaupt so etwas wie eine homogene Mehrheit gibt oder nicht vielleicht eher nur viele Minderheiten, die gegebenenfalls in interessenbasierten Koalitionen auftreten. Hier sind Unternehmen in mindestens zweierlei Hinsicht betroffen: zum einen durch den Pool der Menschen, aus denen sie ihre Mitarbeitenden rekrutieren müssen, zum anderen durch die zunehmend ausdifferenzierte Gruppe von Kunden, die sie adressieren und von ihren Produkten überzeugen müssen. Wie ich an anderer Stelle schon diskutiert habe, wird hier allein das Marketing den Funktionswert der Produkte und Dienstleistungen nicht mehr vermitteln können. Bei der Ansprache diverser Gruppen wird es immer wichtiger sein, den moralischen Wert der Produkte mit zu betrachten. Ein Unternehmen muss sich dessen bewusst sein, wie sehr Produkte und Dienstleistungen zunehmend auch nach moralischen Kriterien bewertet werden.

Ein weiterer bedeutsamer Themenbereich ist die Frage nach den Lebenskonzeptionen, den Lebensentwürfen der Mitarbeiter und ebenso der Kunden. Wie ist das Verhältnis von Arbeit und Familie zu bewerten und zu gestalten? Sind die Unternehmen in der Lage und sind sie vor allem auch bereit dazu, die Personalplanung und den Personaleinsatz an den Bedürfnissen und Wünschen der Belegschaften auszurichten? Sind die Stellen dazu geeignet, familienfreundliche Arbeitszeiten zu gewährleisten? Oder sind die Positionen, die besetzt werden sollen, auf Karriere angelegt und lassen nur wenig Raum für ein Leben jenseits der Arbeit? Und mithin: Sind die Unternehmen auch in der Lage, die für ihre Stellen jeweils spezifisch passenden Mitarbeiter auszuwählen?

Schließlich wird der folgende Themenbereich derzeit heftig debattiert: Wie verhalten wir uns zu Fragen der Ressourcen, des Wachstums und des Wohlstands? Ist unternehmerische Tätigkeit per definitionem auf Wachstum ausgelegt, wie es durchaus in den klassischen betriebswirtschaftlichen Konzepten gelehrt wird? Oder gehen wir von Grenzen des Wachstums aus und stellen unser Unternehmen entsprechend ein, sowohl hinsichtlich seiner Zukunfts- und Wettbewerbsfähigkeit als auch hinsichtlich seiner finanziellen Perspektiven?

Die hier exemplarisch angerissenen Themen könnte man auch als Transformationsbereiche bezeichnen, als Bereiche, die sich im Wandel befinden und in denen gesellschaftliche Ansprüche und Befindlichkeiten zum Ausdruck kommen. Hier gilt ebenfalls, was ich bereits bei meinen Überlegungen zu allgemeingültigen ethischen Werten formuliert habe: Es gibt hier keine eindeutigen und allein richtigen Lösungen. Und dass es keinen verbindlichen Konsens zu den genannten Transformationsbereichen geben kann, liegt im Wesen der Sache. Der einzige Konsens, auf den man sich einigen könnte, besteht darin, dass bestimmte Themen gerade virulent sind und in der Gesellschaft zur Diskussion stehen. Wir tun als Manager, als Unternehmer und Organisationslenker gut daran, zu den Themen, die in diesen Transformationsbereichen zur Debatte stehen, eine möglichst klare Haltung zu haben. Denn wir werden nicht umhinkommen, uns in unserer strategischen Ausrichtung diesen Themen auch zu stellen. Die Haltung, zu der ich Manager und Entscheider in Organisationen ermutigen möchte, hängt mit unseren eigenen Wertehaltungen und Überzeugungen zusammen. Einmal mehr sehen wir uns zurückgeworfen auf grundlegende Fragen nach den für uns gültigen Werten, auf die grundlegende Frage: „Was ist das Gute?" Und in Konsequenz daraus stellt sich für ein Unternehmen letztlich die Frage: „Was ist ein gutes Unternehmen, und was ist gute Unternehmensführung?".

5.2   Die Einbettung jedes Unternehmens in größere Zusammenhänge

Alle diese Transformationsbereiche wirken auf unser Unternehmen ein. Umgekehrt wirkt auch die Art und Weise, wie wir in einem Unternehmen mit den Herausforderungen umgehen, die diese Transformationsbereiche an das Unternehmen stellen, auf die Transformationsbereiche ein. Hier findet eine wechselseitige Beeinflussung statt. Gemeinsam mit allen anderen Akteuren, mit denen wir als Unternehmer im gesellschaftlichen Diskurs stehen, gestalten wir die Art und Weise, wie diese einzelnen Themen diskutiert und in welcher Richtung eine dynamische und fragile Balance entwickelt werden kann. In einem gemeinsamen Prozess definieren sich Unternehmen wie auch die anderen Akteure in ihren jeweiligen Tätigkeiten wechselseitig neu. Gemeinsam erzeugen sie einen Transformationsprozess, und ebenso sind wir unentrinnbar ein Teil dieses Prozesses (siehe Abb. 5.1). Man könnte es auch anders ausdrücken: Der Societal Discourse ist gewissermaßen der anonyme Mediator, der es ermöglicht, im Wettstreit von unterschiedlichen Überzeugungen, von unterschiedlichen unternehmerischen Haltungen und Handlungen, konstruktiv eine gemeinsame Zukunft hervorzubringen. Durch den Societal Discourse entwerfen wir uns alle, die wir an ihm beteiligt sind, ständig neu. Doch dieser Prozess ist nicht beliebig, sondern abhängig von den Diskursen, die zuvor abgelaufen sind, und somit mitbestimmend für den folgenden Diskurs.

Der gesellschaftliche Diskurs stellt eine zentrale Herausforderung für moderne und zukunftsfähige Unternehmen dar. Dass dies eng mit heftig diskutierten Themen von hoher gesellschaftlicher Bedeutung zusammenhängt, habe ich bereits betont. Denn ein Unternehmen, das zu diesen Themen keine Haltung einnimmt und den gesellschaftlichen Diskurs nicht aktiv mitbestimmen und mitgestalten kann oder will, wird sich in seiner Unternehmensentwicklung sehr schwertun. Der Grund dafür liegt aber nicht primär in den Themen, sondern in einer prinzipiellen Unmöglichkeit der Führung.

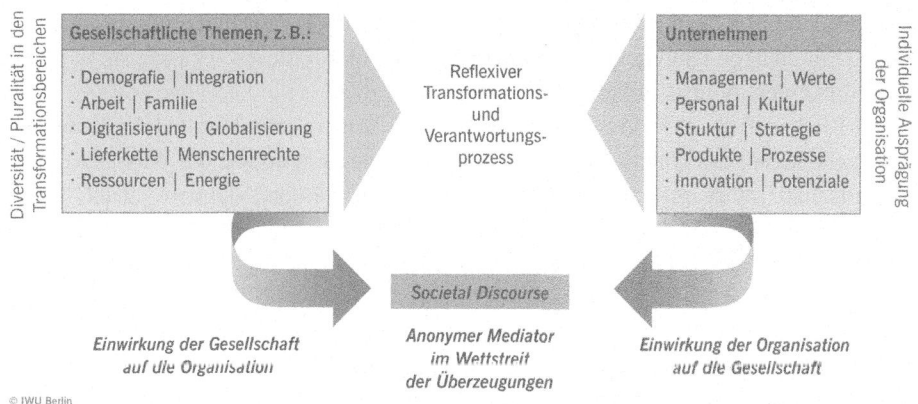

Abb. 5.1 Societal Discourse

  Es ist – allen anderslautenden Bekundungen zum Trotz – nicht möglich, ein Unternehmen exakt zielgerichtet zu steuern und zu führen. Ein Unternehmen ist nicht der große Tanker, mit dem es gerne verglichen wird und den man steuern kann. Um beim Bild des Tankers zu bleiben: Es versteht sich von selbst, dass ein solches Schiff sehr lange Bremswege braucht und dass die Kurven, die es nimmt, einen immens großen Radius haben. Trotzdem können wir einen Tanker sehr präzise steuern und in den nächsten Hafen, ins Ziel lotsen. Ein Unternehmen ist aber kein Tanker, und der Geschäftsführer ist kein Kapitän, auch wenn dies das lange vorherrschende Bild vieler Unternehmensführer war: der einsame Herrscher des großen Tankers zu sein, den es zu steuern gilt. Ein solcher klassischer Unternehmenskapitän war ausgestattet mit Herrschaftswissen, Weitblick und natürlich auch mit Navigationskenntnissen, die man braucht, um bei der langen Fahrt die Richtung zu bestimmen und das Ziel punktgenau zu erreichen. Die Sachverhalte, die ich im Folgenden erläutern möchte, sind komplex und können mit der Vorstellung vom Unternehmer als Kapitän nicht erfasst werden. Daher mein Rat: Werfen Sie das Bild des Kapitäns von seinem Unternehmensschiff und lassen Sie es dort ertrinken (Und steigen Sie bitte nicht noch rasch vom alten Tanker auf das ebenfalls strapazierte Segelschiff um, das angeblich den Teamgeist der Truppe anspornen soll, deren Chef Sie sind und auch sein wollen).

5.3   Komplexe Verhältnisse

Ein Unternehmen ist, wie jede andere Organisation auch, eingebunden in eine komplexe Umwelt. Je nach den Aspekten, unter denen sie betrachtet wird, besteht diese Umwelt aus ganz unterschiedlichen Akteuren. Ein Unternehmen ist ein System, und als System ist es eingebunden in übergeordnete, in größere und umfassende Systeme. Zugleich ist es verbunden mit Systemen, in die es aber nicht zwingend eingebunden sein muss. So ist es etwa mit anderen Unternehmen verbunden und steht mit diesen – gleichsam auf einer Ebene – in einem reflexiven Verhältnis.

Mit Blick auf die Wirtschaft indes findet ein Ebenenwechsel statt. Hier kann man nicht mehr sagen, das Unternehmen stehe auf derselben Ebene wie die Wirtschaft, denn die Wirtschaft selbst muss als ein System verstanden werden. Vielmehr ist das Unternehmen ein Teil der Wirtschaft und damit in diese eingebunden. Systemisch kann dies folgendermaßen ausgedrückt werden: Das kleinere System, das Unternehmen, ist eingebunden in das größere System, die Wirtschaft. Dasselbe gilt für alle anderen Unternehmen, die stets dieser Wirtschaft zugerechnet werden. Zugleich könnte die Wirtschaft nicht existieren, gäbe es nicht die Unternehmen. Durch das Zusammenspiel aller Unternehmen entsteht nämlich erst das, was wir als Wirtschaft bezeichnen. Das eine braucht das andere, das eine kann ohne das andere nicht gedacht werden.

Darüber hinaus spielen auch andere Akteure und Elemente eine Rolle, etwa Konsumenten, Verbände, Gewerkschaften oder in einem abstrakteren Bereich wirtschaftsrechtliche Regelungen oder Finanzströme. Alle diese Akteure und Elemente können ihrerseits wiederum als Systeme betrachtet werden. Sie alle gemeinsam konstituieren, was wir als Wirtschaft bezeichnen. Und dieses Erzeugen der Wirtschaft durch all diese Akteure und Elemente ist kein einmaliger statischer Akt, sondern ein dynamischer Prozess, in dem die einzelnen Teilsysteme der Wirtschaft sich ständig gegenseitig beeinflussen. Sie stehen miteinander in einer hochgradig dynamischen Wechselwirkung und bilden gemeinsam reflexive Strukturen aus. Reflexivität bedeutet in diesem Zusammenhang, dass die Strukturen zugleich Voraussetzung und Ergebnis derjenigen Dynamik sind, in der die Wechselwirkungen der verschiedensten Akteure stattfinden. Die bestehenden Strukturen bestimmen somit gleichsam den Möglichkeitsraum, in dem sich Unternehmen oder andere Organisationen entwickeln können.

Doch auch die Wirtschaft als System steht in keinem Vakuum, sie ist ebenfalls eingebettet in größere Systeme. So ist die Wirtschaft eingebettet in die Gesellschaft, die weit umfassender als die Wirtschaft ist. Die Wirtschaft ist Teil der Gesellschaft, und daraus folgt, dass die Gesellschaft ohne die Wirtschaft nicht bestehen kann. Umgekehrt können wir aber auch schließen, dass die Wirtschaft nicht ohne die Gesellschaft bestehen kann. Weil also die Wirtschaft ein Teil der Gesellschaft ist, kann sie nicht ohne Gesellschaft existieren, wie umgekehrt auch die Gesellschaft nicht ohne die Wirtschaft existieren kann. Hier bestehen ebenso die reflexiven Strukturen, die weiter oben auf anderer Ebene schon beschrieben wurden. Es sind dieselben Prinzipien, die zum Tragen kommen: In der Wechselwirkung der Wirtschaft mit der Gesellschaft, die zugleich auch mit anderen Teilsystemen wie beispielsweise der Wissenschaft, der Politik, dem Rechtssystem und anderen in einer Wechselwirkung steht, bringen all diese Systeme einander selbst hervor. Das eine kann nicht ohne die anderen bestehen. In ihrer dynamischen Wechselwirkung, in ihrer Reflexivität, sind diese Systeme einander zugleich Ergebnis vorangegangener Dynamiken sowie Voraussetzungen künftiger Dynamiken. Gesellschaft als Ganzes also bildet das umfassende System, in dem die genannten Subsysteme eingebettet sind. Die Gesellschaft sowie ihre Teilsysteme sind die Umwelt der Wirtschaft.

Und man kann noch einen Schritt weiter gehen: Die Gesellschaft ist nicht losgelöst und frei schwebend über allem. Auch sie ist wiederum eingebettet in umfassende Systeme, beispielsweise in die natürliche Umwelt. Wenn man diesen Gedanken nun systematisch weiterspinnt, liegt es auf der Hand, dass auch die Umwelt nicht losgelöst von größeren Systemen ist. Die Umwelt ist letztlich eingebunden in das Ganze der Welt. Aus der Perspektive der Theorie von Systemen, die hier die Grundlage meiner Überlegungen bildet, muss man sich prinzipiell alle Systeme als miteinander verwoben vorstellen. Auf diese Weise lässt sich logisch und schlüssig der bekannte Satz begründen: Alles ist mit allem verbunden. Und auch ein zweiter bekannter Satz lässt sich hier ableiten: Das Ganze ist mehr als die Summe seiner Teile. Es dürfte also leicht einsichtig sein, dass die Wirtschaft als übergeordnetes System, das sich aus den Wechselwirkungen aller ihr zugerechneten Organisationen ergibt, weit mehr ist als die reine Addition eben dieser Organisationen. Denn sie hat eine eigene Qualität, die sich erst aus dem Zusammenspiel ihrer Subsysteme ergibt, eine Qualität, die es uns überhaupt erst erlaubt, sie als „die" Wirtschaft zu identifizieren. Analog gilt dies für eine Organisation, die ihrerseits mehr ist als die Summe ihrer Angehörigen.

Doch aus diesen logischen Zusammenhängen ergeben sich noch andere Einsichten. Denn die Perspektive, dass Systeme ineinander eingebettet sind, macht deutlich, wie das Verhältnis von Unternehmen, Wirtschaft, Gesellschaft und Natur als Ganzes zu denken ist. Es ist leicht nachvollziehbar, dass Unternehmen eingebettet sind in eine Wirtschaft, die in ihrer Gesamtheit viel mehr ist als ein Unternehmen und auch mehr als alle Unternehmen in dieser Wirtschaft insgesamt. Die Wirtschaft ihrerseits wiederum muss verstanden werden als Teil der Gesellschaft, in die sie wie andere Teilsysteme (Politik, Gesundheitswesen, Wissenschaft) eingebunden ist.

So gesehen haben wir es quasi mit einer Hierarchie von Systemen zu tun, die gleichsam ineinander verschachtelt und dadurch systematisch miteinander verwoben sind. Das bedeutet: Die untergeordneten, kleineren Systeme sind nötig, um die größeren Systeme hervorzubringen, und die jeweils größeren Systeme geben den kleineren Systemen das relevante Umfeld, in dem sie sich entfalten können.

Was bedeutet dies nun aber für meine Überlegungen zur Verantwortung? Der Schritt dahin ist nicht weit: Es lässt sich leicht ableiten, dass die natürliche Umwelt der notwendige Rahmen ist, in dem menschliche Gesellschaften existieren, und dass eine Gesellschaft der notwendige Rahmen ist, in dem die Wirtschaft existiert. Daraus lässt sich klar folgern: Es kann nicht Aufgabe der Gesellschaft sein, für die Wirtschaft da zu sein, sondern die Wirtschaft erfüllt eine Funktion für die Gesellschaft. Entsprechend verhält es sich mit der Verantwortlichkeit. Auf der nächsten Ebene kann man analog dazu festhalten, dass die Gesellschaft eine Funktion für die Umwelt ist und nicht umgekehrt. Daraus wiederum ergibt sich als logischer Schluss: Die Wirtschaft ist zumindest primär in einer Funktion für die Umwelt da, selbst wenn es oft den Anschein hat, dass es umgekehrt sei.

Dennoch – und das ergibt sich aus den wechselseitigen, reflexiven Bedingungsverhältnissen – steht auch die Gesellschaft in einem funktionalen Verhältnis zur Wirtschaft und somit in einer gewissen Verantwortung für die Wirtschaft. Man könnte hier also von einer Verantwortung sprechen, die sich in zwei Richtungen ergibt: Zum einen stellt die Gesellschaft, und in dieser vor allem zunächst der Gesetzgeber, die Rahmenbedingungen, innerhalb derer die Wirtschaft ihre Aktivitäten entfaltet. Insofern besteht also eine Verantwortung der Gesellschaft für die Wirtschaft. Das ändert jedoch nichts an der grundsätzlichen, der primären „Richtung" der Verantwortlichkeit: Es braucht zwar Gesellschaften, um überhaupt eine Wirtschaft hervorzubringen, aber die Wirtschaft ist grundsätzlich gegenüber ihrer Existenzvoraussetzung, nämlich gegenüber der Gesellschaft, verantwortlich und nicht primär umgekehrt. Durch den gesellschaftlichen Diskurs prägt die Wirtschaft natürlich auch in einem gewissen Grad die Bedingungen, unter denen sie innerhalb einer Gesellschaft agiert, aber die Hauptrichtung, in der sich die Verantwortungsfrage stellt, ist sicher umgekehrt: Die Unternehmen werden nach ihrer Ver-Antwortung befragt.

Gesellschaft und Wirtschaft stehen zweifellos in einem Bedingungsverhältnis, denn die Gesellschaft bedingt die Wirtschaft ebenso, wie die Ausprägung und Art der Wirtschaft die Gesellschaft bedingt. Indes ist in der Hierarchie dieser Systeme klar: Die Wirtschaft ist ein Teilsystem der Gesellschaft und daher konstitutiv für sie und muss notwendigerweise ihren Beitrag dazu leisten, dass diese Gesellschaft existieren kann. Das ist die Hauptrichtung der Verantwortlichkeit. Aus ethischer Hinsicht kann darüber hinaus sogar gefolgert werden, dass die Wirtschaft einen Beitrag dafür leisten muss, dass die Gesellschaft, in die sie eingebettet ist, eine lebenswerte Gesellschaft ist, unabhängig davon, ob man nun in regionalen, nationalen oder gar globalen Zusammenhängen denkt.

Vor dem Hintergrund dieser Einsicht sortiert sich die Gleichrangigkeit von Gesellschaft, Wirtschaft und natürlicher Umwelt, wie sie etwa vom sogenannten „Drei-Säulen-Modell" der Nachhaltigkeit ursprünglich propagiert wird und bisweilen in die CSR-Diskussion Eingang gefunden hat, neu. Gemäß diesem Modell sind wirtschaftliche, soziale und ökologische Aspekte die bestimmenden drei Säulen einer nachhaltigen Entwicklung und folglich einer verantwortungsbewussten Unternehmensführung. Sie sind mehr oder weniger gleichrangig bei nachhaltigen Entwicklungsprozessen zu berücksichtigen. Aus der systemischen Logik, die ich eben dargestellt habe, ergibt sich jedoch das folgende Einbettungsverhältnis: Den systematisch niedrigsten Rang hat die Wirtschaft, dann kommt die Gesellschaft und schließlich die natürliche Umwelt, die alles umfasst. Ob aber aus dieser systematischen Hierarchie auch in ethischer Hinsicht immer und uneingeschränkt ein Primat der einen oder anderen Ebene resultiert und wie die Verantwortungsverhältnisse balanciert sind, muss noch geklärt werden. Schließlich stehen die Systeme und ihre Teilsysteme in keiner linearen, eindeutigen Kausalität zueinander, sondern übergeordnete und untergeordnete Systeme sind in vielfacher rückgebundener Wechselwirkung und Abhängigkeit reflexiv miteinander verknüpft.

5.4   Verantwortung

Verantwortung in der Wirtschaft – das Thema erlebt momentan eine große Konjunktur. Doch nicht immer ist klar, was eigentlich genau unter dem Begriff Verantwortung zu verstehen ist. Ich möchte daher versuchen, etwas Licht ins Dunkel bringen, und zu einem klareren Verständnis des Begriffs Verantwortung beitragen.

Dialogische Grundstruktur der Verantwortung
Zunächst einmal ist Verantwortung ein *dialogisches Prinzip*. Das bedeutet, dass es mindestens zwei Akteure braucht, damit eine Verantwortungsstruktur entsteht. Eine Person A stellt einer Person B eine Frage, die mit dem Fragewort „Warum?" beginnt, und die Person B gibt darauf eine Antwort. Man kann also sagen: Person B „*ver*-antwortet" die Frage von Person A. In dem Wort Verantwortung steckt das Wort Antwort. Verantwortung ist also eine *Reaktion* (von Person B) auf eine Frage; und zugleich ist Verantwortung die *Aufforderung* (von Person A an B), auf eine Frage zu antworten. Zwei Personen stehen in dieser Struktur in einem Verantwortungsverhältnis. Es liegt in der Natur der Sache, dass es sich bei (kontrovers diskutierten) Verantwortungsfragen vor allem um Fragen mit einer moralischen oder ethischen Qualität handelt. Zwar unterliegt auch die schlichte Frage „Wie spät ist es?" dieser grundsätzlichen Struktur, doch ernsthafte Probleme und Auseinandersetzungen dürften bei der richtigen Antwort auf diese Frage kaum zu erwarten sein.

Aus der dialogischen Grundstruktur der Verantwortung mit mindestens zwei Akteuren, die einander Rede und Antwort stehen, lässt sich die weitere Struktur des Verantwortungsbegriffs erklären. So braucht es nämlich in einem Verantwortungszusammenhang immer ein *Subjekt* der Verantwortung: *Wer* ist verantwortlich? Dazu kommt ein *Objekt* der Verantwortung: *Wofür* wird Verantwortung eingefordert? Und schließlich ist eine *Instanz* nötig, an der die Verantwortung bemessen wird: *Gegenüber wem* ist man verantwortlich? Jedes Verantwortungsverhältnis kann also – um es auf einen Nenner zu bringen – mit der folgenden formalen Frage beschrieben werden: Wer ist wofür verantwortlich und gegenüber wem? Und nicht zuletzt ist die Frage nach dem *Warum* zu stellen: *Warum* überhaupt fordert eine Person A Rede und Antwort von einer Person B? (siehe Abb. 5.2) Diese letzte Frage verweist auf die Begründungszusammenhänge, die ich oben bei meinen Überlegungen zum Societal Discourse thematisiert habe, und damit auf die Wertehaltungen der einzelnen Akteure, die in ein Verantwortungsverhältnis eingebunden sind.

Geht es etwa um Personalentscheidungen eines Unternehmens, kann die formale Frage „Wer ist verantwortlich wofür und gegenüber wem?" je nach Blickwinkel unterschiedlich konkretisiert werden. Beispielsweise konnte man sagen: „Der Vorstand ist verantwortlich für die Sicherung der Arbeitsplätze gegenüber der Kommune." Ebenso gut wäre die Aussage möglich: „Der Vorstand ist verantwortlich für die Zahlung der Löhne gegenüber den Mitarbeitenden." Und genauso gut könnte man behaupten: „Der Vorstand ist verantwortlich für die Steigerung des Aktienkurses gegenüber seinen Aktionären",

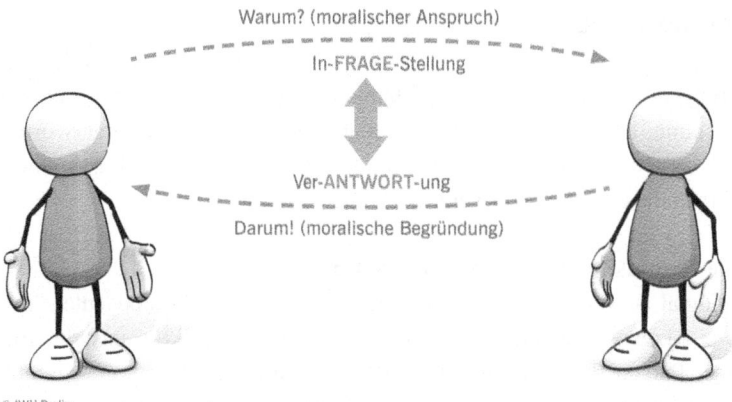

Abb. 5.2 Dialogische Struktur der Verantwortung

was, wie wir wissen, oft genug über den Abbau von Arbeitsplätzen erfolgt. Formal sind alle diese Sätze richtig. Aber inhaltlich hängen diese Sätze entscheidend von den Hintergründen, den Intentionen und nicht zuletzt den damit verbundenen Wertehaltungen derjenigen ab, die diese Frage stellen oder sie beantworten sollen. Fragen Sie sich also ruhig selbst einmal: Wie würden Sie diese Frage nach dem Erhalt oder Abbau von Arbeitsplätzen vor dem Hintergrund Ihrer eigenen Tätigkeiten und Wertehaltungen *ver-antworten* und wie würden Sie eben diese Verantwortung *begründen?*

Nachdem ich die Grundstruktur von Verantwortung aufgeschlüsselt habe, stellt sich die Frage, wie dieser Begriff der Verantwortung in die vorher diskutierten Zusammenhänge eingebunden werden kann: In welcher Beziehung steht dies zum einen zur Theorie der unterschiedlichen Systemebenen? Und was bedeutet dies zum anderen im Hinblick auf den Societal Discourse, den umfassenden gesellschaftlichen Diskurs? Schließlich möchte ich ja – und das ist der zentrale Gegenstand dieses Buches – die grundlegende Frage nach der Reichweite und den Grenzen der Unternehmensverantwortung nicht nur diskutieren, sondern auch klären.

Unbedingte Verantwortung und praktische Vorsichtigkeit
Ich möchte zunächst nochmals auf die systemtheoretischen Zusammenhänge eingehen. Die Grundbehauptung lautete: *Unterschiedliche Systeme stehen miteinander in Wechselwirkung und in einem Abhängigkeitsverhältnis zueinander.* Diese Aussage bewegt sich, wie dargelegt, auf einer sehr grundsätzlichen, elementaren Ebene meiner Überlegungen. Ich folgere daraus: Da prinzipiell alle Systeme, die wir betrachten, miteinander in einer Wechselwirkung stehen und sich über diese Wechselwirkungen gegenseitig in ihren Möglichkeiten beeinflussen, stehen sie in einer prinzipiellen Verantwortung zueinander. Sobald ein System sich verändert – bildlich gesprochen: seine Lage oder seine Position relativ zu den anderen Systemen verändert –, findet über die gegenseitigen

Abhängigkeiten unmittelbar auch eine Veränderung der Positionen der anderen Systeme statt. Die Systeme beeinflussen sich also wechselseitig in ihren Möglichkeitsbereichen. Konkreter: Sie beeinflussen sich in ihren Entfaltungsmöglichkeiten und Handlungsoptionen.

Wenn ich nun annehme, dass ein System sich artikulieren und die Warum-Frage stellen kann, dann könnte prinzipiell jedes System jedes andere System fragen, warum dieses durch seine Veränderungen die eigenen Möglichkeiten beeinflusst hat. Dabei kann diese Beeinflussung positiv oder auch negativ sein, es kann sich also um die Erweiterung und die Verbesserung von Möglichkeiten handeln, aber auch um ihre Verschlechterung. Ob und inwieweit diese Fragen und die vorangegangenen Veränderungen auch eine moralische Qualität haben, steht an dieser Stelle noch gar nicht zur Diskussion. Zunächst ist entscheidend, dass die Veränderungen eines Systems die Möglichkeiten von anderen Systemen beeinflussen. Um dies wieder an einem konkreten Beispiel zu verdeutlichen: Wenn sich ein Unternehmen in seiner Ausrichtung verändert oder neue Produkte auf den Markt bringt, dann hat dies auch Auswirkungen auf andere Unternehmen, die mit ihm verbunden sind. Diese anderen Unternehmen können etwa Wettbewerber sein oder Zulieferer oder Partner. Und wenn man hier nicht nur auf die Ebene der Unternehmen, sondern auf die der Konsumenten oder der Gesellschaft insgesamt blickt, dann haben Veränderungen eines Unternehmens prinzipiell auch Auswirkungen auf diese Akteure, die ich ebenfalls als System betrachten kann. Mit anderen Worten: Veränderungen von Unternehmen oder anderen Organisationen haben – theoretisch prinzipiell und praktisch abhängig von ihrer Wirkmacht – gesellschaftsverändernde Kraft.

Die Beeinflussung meiner Möglichkeiten ist umso größer und umso wirksamer, je stärker und je enger ich mit dem System verbunden bin, das sich relativ zu mir verändert. Inwieweit diese Veränderungen meiner Möglichkeiten auch eine moralische Dimension haben, kann erst auf einer anderen Ebene geklärt werden. Denn dazu müssen erst Bewertungen in Betracht gezogen werden. Gleichwohl möchte ich hier festhalten: Allein auf Grundlage dieser sehr elementaren systemtheoretischen Zusammenhänge kann eine unbedingte Verantwortung begründet werden: Es lässt sich ableiten, dass wir zueinander prinzipiell in einer *unbedingten* Verantwortung stehen, also einander *grundsätzlich* zu Rede und *(Ver)*Antwort*(ung)* verpflichtet sind. Aus dieser Folgerung resultiert ferner eine elementare ethische Forderung: Gerade weil es ein solches unbedingtes Verantwortungsverhältnis gibt, sind wir einander in unserem Handeln eine gewisse praktische Vorsichtigkeit schuldig.

Auch wenn sich aus diesen theoretischen Zusammenhängen eine prinzipielle und unbedingte Verantwortung ergibt, der wir uns – zumindest auf Ebene der Theorie – nicht entziehen können, so stellt sich doch schnell *die praktische Frage,* wo und wie diese umfassende Verantwortung begrenzt werden kann. Ohne eine Grenze der Verantwortung – das steht außer Frage – werden wir alle in unseren Handlungen absolut überfordert! Ohne eine Grenze der Verantwortung könnten wir schlichtweg nichts mehr tun, ohne dass wir dieses Tun einer ethisch moralischen Reflexion unterziehen würden, um

es unseren Gegenübern verantworten zu können! Ein echtes Fortkommen und ein relativ unbeschwertes Miteinander wären nicht mehr möglich, weder in unternehmerischer
noch in gesellschaftlicher noch in persönlicher Hinsicht. Es muss also auch hier ein Korrektiv geben, durch das die *Grenzen* der Verantwortungen bestimmt werden können und
das uns einerseits von der Schwere der absoluten Verantwortlichkeit entlastet, ohne uns
dabei aber andererseits einen Freibrief zu geben, der letztendlich alles zulässt. Die ein-
gangs skizzierte Idee der Kernverantwortung, die sich aus den drei Aspekten des Kerngeschäfts, der Kernwirkung und der Kernwerte ergibt, kann ein solches Regulativ sein. Das
Modell der Kernverantwortung zeigt Unternehmen wie auch jeder anderen Organisation
einen Weg auf, um verantwortlich zu handeln, ohne dabei auf die nötigen Freiräume für
eine zukunftsfähige Organisationsentwicklung verzichten zu müssen.

Begrenzung der Verantwortung
Nun möchte ich etwas praktischere Überlegungen anstellen. In welchem Zusammenhang
steht der Begriff der Verantwortung mit dem oben von mir beschriebenen Societal Discourse? In seiner Grundstruktur ist der Societal Discourse nichts anderes als ein umfas-
sender, anonymer Verantwortungsdiskurs. Im Societal Discourse werden die zentralen
Themen diskutiert, die gesellschaftlich und wirtschaftlich aktuell von Bedeutung sind.
Er ist, wie ich oben bereits erläutert habe, die thematische Hintergrundfolie, vor der sich
nicht nur unser wirtschaftliches, sondern überhaupt unser Handeln und Tun vollzieht.
Kennzeichnend ist die Anonymität: Es ist nicht von vornherein klar, wer wem Rede und
Antwort steht. Gleichwohl – und das ist ein Gedanke, der für den Verantwortungsbegriff
entscheidend ist – kann der Societal Discourse konkretisiert werden, um einen Dialog
zu konstruieren, bei dem eine Person A eine andere Person B zur Verantwortung zieht,
also die genannte Warum-Frage stellt. Der Unterschied dabei ist allerdings, dass es sich
bei den Personen A und B nicht mehr um Individuen handelt, die für sich betrachtet
werden könnten, sondern um mehr oder weniger anonyme Gruppen von Menschen, die
bestimmte Haltungen und Meinungen zu den diskutierten Themen vertreten. Die individuelle Struktur des Verantwortungsdialoges ist also übertragen auf eine Vielzahl von
unterschiedlichen Spielern, die diesen Diskurs insgesamt hervorbringen und sich je nach
Thema und Hinsicht wechselseitig Rede und Antwort stehen.

Der Societal Discourse bietet daher geradezu ein Paradebeispiel der systemtheoretischen Zusammenhänge, die ich zuvor im Zusammenhang mit dem Begriff der Verantwortung skizziert habe. Auch die einzelnen Gruppierungen, die sich je nach Lage
bestimmte Themen und Positionen teilen, können als Systeme betrachtet werden, die
mit ihren Diskurspartnern, die ebenfalls als Systeme betrachtet werden können, in einem
wechselseitigen, diskursiven Verhältnis stehen. Verantwortung als dialogisches Prinzip ist damit dem Societal Discourse systematisch eingeschrieben. Mehr noch: Dieses
dialogische Prinzip macht gleichsam sein Wesen aus. Im Gegensatz jedoch zur rein
systemtheoretischen Ebene findet auf der Ebene des Societal Discourse tatsächlich ein
gegenseitiges Fragen und Antworten zu gesellschaftlich virulenten Themen statt, auch

wenn dieser Vorgang nicht genau auf die Person eines Fragenden und eines Antwortenden reduziert werden kann. So verstanden, ist der Societal Discourse ein umfassender gesamtgesellschaftlicher Verantwortungsdiskurs, in den zwangsläufig auch die Unternehmen eingebunden sind.

Unternehmen stehen in einer unbedingten Verantwortung gegenüber anderen Akteuren der Gesellschaft. Die konkreten Themen und Fragen, für die sich Unternehmen verantworten müssen, ergeben sich aus dem Societal Discourse. Dies lässt sich als Fazit aus meinen bisherigen Überlegungen darüber festhalten, wie die Grundstruktur des Verantwortungsbegriffs mit den systemtheoretischen Zusammenhängen und dem Societal Discourse verbunden ist. Auch die von mir öfter getroffene Aussage, dass Unternehmen schon immer auch mit gesellschaftlichen Kontexten verwoben sind, findet hier ihre Begründung. Denn es wird klar, dass Unternehmen eingeordnet sind in größere, umfassendere Zusammenhänge, die sich nun als diskursive Zusammenhänge begreifen lassen.

Welche Themen also eine grundsätzliche moralische Dimension haben – und genau dazu sollten Unternehmen ja eine möglichst klare Haltung entwickeln –, ergibt sich aus den großen Themen, die im breit angelegten Societal Discourse verhandelt werden und die dort per se mehr oder weniger unter einem moralischen Blickwinkel betrachtet werden. Dabei sind, wohlgemerkt, Unternehmen keine Spieler in diesem großen Societal Discourse, die nur passiv reagieren müssen, sondern sie können mitbestimmen und mitgestalten. Diejenigen Themen, die konkret und spezifisch mit einem bestimmten Unternehmen zu tun haben und auf die sich deshalb die Verantwortung speziell dieses Unternehmens erstreckt, ergeben sich – wie ich mit dem Begriff der Kernverantwortung erläutert habe – in erster Linie aus dem jeweils konkreten *Kerngeschäft,* also aus dem Bereich der unternehmerischen Tätigkeiten, in denen die hauptsächliche Wertschöpfung erfolgt. Zudem spielt die *Kernwirkung* eine Rolle, also die Wirksamkeiten und Effekte, die das Unternehmen über sein Kerngeschäft hinaus in seinem Umfeld erzeugt und die Reaktionen bei den anderen Diskursteilnehmern hervorruft. Und schließlich – aber keineswegs von geringerer Bedeutung – spielen die *Kernwerte,* die das Unternehmen vertritt, eine Rolle.

Diese Kernwerte ermöglichen es der Unternehmensführung, eine Haltung zu den diskutierten Themen zu entwickeln; auf ihrer Basis können das Kerngeschäft und der Impact (die vom Unternehmen erkannten oder auch die an es herangetragenen Wirkungen) vor dem Hintergrund der relevanten und diskutierten Themen eingeordnet und bewertet werden. Erst mit den Kernwerten kann das Unternehmen die für sich zunächst neutralen Aspekte des Kerngeschäfts und des Kernimpacts in eine eigene moralische Bewertung bringen und dadurch in eine diskursive Beziehung zu den anderen Mitstreitern im Societal Discourse treten. Dabei kann das Unternehmen mit den eigenen Wertehaltungen, die es an sein Geschäft anlegt, keinesfalls alles rechtfertigen. Denn es ist eng mit den anderen Akteuren im Societal Discourse verbunden, und daher werden die Haltung des Unternehmens und seine Interpretationen der moralischen Qualität seines Handelns permanent infrage gestellt.

Es liegt im Wesen des Diskurses, dass er keine einseitige Kommunikation ist, die etwa von einer Kommunikationsabteilung eines Unternehmens professionell organisiert wird. Vielmehr werden im Societal Discourse die moralischen Vorstellungen und Erklärungen unternehmerischen Tuns auf Positionen und Haltungen von anderen Diskursteilnehmern stoßen, wo sie Reibung erzeugen, also kritisch beleuchtet werden und auch Kontroversen hervorrufen. Werden Haltungen als extrem, als zu radikal wahrgenommen, so wird dies rasch zu einer schwindenden Legitimation eines Unternehmens führen. Seine Licence to Operate wird infrage gestellt oder sogar entzogen. Der Societal Discourse wird also auch an einem selbst, am eigenen Unternehmen nicht spurlos vorübergehen. Kanten werden abgeschliffen, Glättungen vorgenommen, und dies führt letzten Endes zu einer Balance der eigenen Wertevorstellungen mit den anderen Wertevorstellungen, die im Societal Discourse vertreten werden – zumindest dann, wenn man selbst und das Unternehmen, für das man verantwortlich ist, nicht vom Markt verschwinden oder in die Kriminalität abrutschen will.

Teil II

Zum Paradox der zeitgemäßen Führung

Die Unmöglichkeit der Führung?

Unternehmen sind keine Maschinen, die man durch einfaches Bedienen von Knöpfen und Schalthebeln steuern kann. Ebenso wenig sind Manager Maschinenführer. Ihre Aufgabe ist es zwar, das Unternehmen zu führen und zu entwickeln. Doch das ist keine mathematische oder rein physikalische Aufgabe. Es gibt keine Formel, mit der Lage und Richtung eines Unternehmens oder die Maßnahmen, die zur Unternehmensentwicklung notwendig sind, exakt berechnet werden können. Wenn dem so wäre, dann könnte die Tätigkeit als Unternehmensführer einfach durch Computerprogramme ersetzt werden und alles ginge seinen vorausbestimmten Gang. Aber glücklicherweise kann man die Aufgabe der Unternehmensführung nicht an eine Software delegieren. Die komplexen Sachverhalte, um die es hier geht, lassen sich nicht mathematisch-linear auf einen Formalismus herunterbrechen, sondern es braucht für diese Aufgabe die menschliche Fähigkeit, diese Sachverhalte zu beurteilen, sie hinsichtlich der Vorstellungen, die man selbst von der Unternehmensentwicklung hat, zu interpretieren und schließlich geeignete Entscheidungen – bei aller Ungewissheit, die ja unumgänglich ist – zu treffen und umzusetzen.

Unternehmen müssen als Systeme beschrieben werden, die in komplexe Umwelten eingebettet sind. Sie stehen mit anderen Akteuren dieser Umwelt in Verbindung, und es ist unvermeidbar, dass Entscheidungen, die ich treffe, oder Aktivitäten, die ich entfalte, Reaktionen bei den anderen Akteuren in meiner Umwelt hervorrufen. Genauso reagiere auch ich, ob ich will oder nicht, notgedrungen auf Handlungen und Entscheidungen anderer Spieler in meiner Umwelt. Dabei ist es zunächst unerheblich, ob es sich bei diesen anderen Akteuren um einen Konkurrenten, um einen Kunden, um den Staat oder um meine Mitarbeiter handelt. Es können sogar *Themen* sein, auf die ich reagiere oder durch die ich bei anderen Akteuren des Societal Discourse Reaktionen hervorrufe.

Wenn nun, um es einmal so auszudrücken, alles mit allem zusammenhängt, wenn also jede meiner Aktionen unmittelbare Reaktionen hervorruft und umgekehrt meine

M. Schmidt, *Reichweite und Grenzen unternehmerischer Verantwortung*,
DOI 10.1007/978-3-658-13638-3_6

Aktionen zugleich auch Reaktionen auf Veränderungen in meinem Umfeld sind, dann stellt sich die zentrale Frage: *Wie kann ich etwas steuern, das sich prinzipiell der Steuerung entzieht?* Mit anderen Worten: Wie kann ich ein Unternehmen in einer derart dynamischen und komplexen Umwelt beständig führen und entwickeln?

Mehrdeutigkeiten akzeptieren

Eine erste wichtige Antwort auf diese Frage liegt auf der Hand: Man muss sich von scheinbaren Eindeutigkeiten und einfachen Lösungen verabschieden. Wir müssen lernen, mit Mehrdeutigkeiten und Möglichkeiten zu arbeiten. Eine klare Zielbestimmung, deren Machbarkeit uns die Lehrbücher vorgaukeln, kann nicht funktionieren. So wird den Studierenden heute beispielsweise in der Betriebswirtschaftslehre immer noch beigebracht, wie sie ein Ziel eindeutig formulieren sollen: Zunächst wird der Inhalt des Zieles fixiert, dann der Umfang, also das Ausmaß der Zielerreichung, und schließlich muss ein exaktes Datum definiert werden, zu dem dieses Ziel erreicht werden soll. Auf den einfachsten Nenner gebracht, genügt der folgende Satz für eine solch eindeutige Zieldefinition: Der Umsatz ist um zehn Prozent zu steigern, und zwar zum 31. Dezember dieses Jahres. Damit ist lehrbuchmäßig ein Ziel eindeutig definiert, und wir können unseren Beschäftigten die für die Zielerreichung versprochenen Provisionen im Januar des folgenden Jahres auszahlen. So weit, so gut. Aber eine solche Vorstellung ist doch recht schlicht. Dass ein so vereinbartes Ziel auch realistisch erreichbar sein sollte und ein Unternehmer seinen Mitarbeitern eine faire Chance geben sollte, dieses Ziel auch tatsächlich zu erreichen, müssen wir an dieser Stelle nicht weiter diskutieren.

Alle verantwortungsbewussten – und sich selbst gegenüber ehrlichen – Unternehmensführer wissen, dass eine Zielverfehlung nicht zwingend ein Versagen der Mitarbeiter ist, die sich möglicherweise nicht genügend angestrengt haben, sondern dass sie selbst bei der Zielvorgabe einiges falsch machen können. Die Ziele sollten nicht unrealistisch hoch gesteckt sein und sich weniger an den von Kennzahlen getriebenen Optimierungen der Controller oder an den Vorstellungen ehrgeiziger Vertriebschefs orientieren, sondern an den faktischen Möglichkeiten des Geschäftsfeldes. Auch der Plan, bewusst mehr zu fordern, als man schaffen kann, in der Annahme, ein ausnehmend ehrgeiziges Ziel wirke für die Mitarbeiter motivierend, kann gewaltig schiefgehen – vor allem, wenn dadurch tatsächlich mehr Umsatz geschaffen wird, aber die Messlatte so hoch liegt, dass die engagierten Mitarbeiter dennoch leer ausgehen. Nach der klassischen Lehrbuchdefinition wäre bei einer Umsatzsteigerung von nur 9,5 % das eindeutig definierte und bonusrelevante Ziel von zehn Prozent nicht erreicht und damit auch keine Provision fällig – die Tücken des Management by Objectives sind gefährlich.

Wer in systemischen Zusammenhängen denkt, wird nicht an eindeutigen Zielen festhalten. Denn solche Zielvorgaben können gar nicht funktionieren. Zielabsprachen können freilich in eng gefassten Zusammenhängen teilweise hilfreich sein, und sicherlich kann man seinen Mitarbeitern vorgeben, den Umsatz um fünf oder zehn Prozent zu steigern. Doch damit lagert die Unternehmensleitung das Problem, dass eine systemische Betrachtungsweise prinzipiell von Unabwägbarkeiten ausgeht, schlichtweg auf ihr

Personal aus. Schließlich liegt es dann an den Mitarbeitern, in den komplexen Umwelten, in denen diese ihre Produkte und Dienste verkaufen müssen, Mittel und Wege zu finden, um den Umsatz zu steigern und so das vorgegebene Ziel zu erreichen. Aber die blinde Forderung nach Umsatzsteigerung (ebenso wie pauschales Kostensparen oder ganz allgemein der Ruf nach zahlenmäßigem Wachstum) ist etwas anderes als eine gute Unternehmensführung und -entwicklung, die ihren Führungsauftrag nicht am Zahlenwerk, sondern am Sinn und Zweck der Organisation bemisst.

Führungsaufgaben statt Sachaufgaben
Auf der ganzheitlichen Ebene des Unternehmens gedacht, reicht die Forderung nach schlichter Umsatzsteigerung und Wachstum nicht aus. Eine bedeutende Aufgabe der Unternehmensführung ist vielmehr, das Unternehmen zukunftsfähig zu machen. Denn erst damit schafft die Unternehmensführung die Voraussetzung dafür, dass die Mitarbeitenden, von denen sie den Umsatz erwartet, überhaupt ihrer Arbeit nachgehen können. Nicht zuletzt in dieser Aufgabe der Unternehmensführung, das Unternehmen so aufzustellen und bestmögliche Bedingungen zu schaffen, dass die Mitarbeiter ihre Aufgaben erfüllen können, liegt ihre eigentliche unternehmerische Wertschöpfung. Eine professionelle Unternehmensführung – und dieses Beispiel könnte ich auch auf andere Führungsebenen herunterbrechen – macht es sich nicht zur Aufgabe, sich ins operative Tagesgeschäft zu verstricken, und die Sachaufgaben, für die Fachleute eingestellt sind, zu erledigen – womöglich noch in der irrigen Annahme, man könne es sowieso besser. Die Sachaufgaben sollten ruhigen Gewissens den Fachleuten überlassen werden. Stattdessen sollte das Management sich auf seine Kernaufgaben konzentrieren. Dazu zählen in ihrer allgemeinsten Form Planen, Organisieren, Mitarbeiterführung und Kontrolle.

Doch diese klassischen Managementaufgaben, die man in einem Managementprozess mehr oder weniger statisch bis dynamisch beschreiben kann, können in komplexen Umwelten nicht ohne weiteres abgearbeitet werden. Denn: Je genauer man plant (und in der Folge organisiert, führt und kontrolliert), desto härter trifft einen der Zufall. Was es mit diesem Satz auf sich hat, werde ich im Folgenden zeigen.

6.1 Günstige Umstände schaffen

Die Zukunftsfähigkeit eines Unternehmens in komplexen Umwelten erfolgt aus systemischer Perspektive nicht zuletzt dadurch, dass man das Umfeld bestellt. Im übertragenen Sinne kann ein systemisches Verständnis von Unternehmen auch als *organisches Führungsverständnis* bezeichnet werden: Ein Unternehmen wirkt wie ein Organismus, der aus dem Zusammenspiel einzelner Organe besteht. Dabei gilt auch hier die einfache und zunächst banale Einsicht, dass „das Ganze mehr ist als die Summe seiner Teile". Man weiß von einem Organismus, dass er am besten wächst und gedeiht, wenn er sich in einem für ihn günstigen Umfeld befindet. Es ist also genauso wichtig, die Bedingungen in seinem Umfeld zu pflegen, wie Maßnahmen zu ergreifen, um den Organismus, also hier das Unternehmen, direkt und in sich zu verändern. Wie man einer Pflanze nicht zu einem schnelleren Wachstum und zu einem besseren Gedeihen verhilft, indem man an ihren Blättern zieht, sondern gut daran tut, sie ins Licht zu stellen, ausreichend zu düngen und mit Wasser zu versorgen, so kann aus dieser organisch-systemischen Perspektive eine Organisation auch dann am besten entwickelt werden, wenn man sich auf die Umstände konzentriert, in denen sie sich befindet. Und dabei kann der Begriff Umstände wörtlich genommen werden, nämlich als die Dinge, die um ein Unternehmen oder um einen Sachverhalt „herum stehen". Je nach ihrer Eigenart können diese Umstände veränderbar oder nicht veränderbar sein. Somit beeinflussen letztendlich die Umstände, in denen sich ein Unternehmen befindet, die Möglichkeiten seiner weiteren Entwicklung ganz wesentlich. Eine zentrale und wichtige Aufgabe der Unternehmensführung ist es also, solche Umstände für ein Unternehmen zu schaffen, die günstig für seine Weiterentwicklung sind.

Die Unternehmensführung muss sich aber nicht nur um die äußere Umwelt kümmern. Auch das Unternehmen selbst ist eine komplexe Umwelt, eine Umwelt „nach innen". Darunter verstehe ich, dass das Unternehmen selbst als Ganzes einen Komplex darstellt, der für die einzelnen Abteilungen und Bereiche bis hin zu den einzelnen Menschen im Unternehmen eine Umwelt bildet. Für die einzelnen Mitarbeiter kann man also im eigentlichen Sinne des Wortes sagen, das Unternehmen „macht Umstände". Und als Umwelt, als „Umstand", übt das Unternehmen Einfluss auf die Entscheidungen und Handlungen der Beschäftigten aus, ebenso wie natürlich umgekehrt die einzelnen Handlungen und Aktivitäten der Menschen im Unternehmen das Unternehmen als Ganzes beeinflussen.

Grundsätzlich darf also kein Teil des Ganzen vernachlässigt werden; eine solche Vernachlässigung kann ungeahnte und unplanbare Auswirkungen auf die gesamte Organisation haben. Auch dies kann ich nochmals mit dem Bild des Organismus verdeutlichen: Wer sich jemals heftig und schmerzhaft seinen kleinen Zeh angestoßen hat, der weiß, wie sehr dieser Körperteil, obwohl er doch klein und so weit vom „Kopf des Ganzen" entfernt ist, den ganzen Menschen beeinträchtigen oder gar außer Gefecht setzen kann. Nimmt man diesen systemisch-organischen Betrachtungsstandpunkt ein, so wird klar, dass Teil und Ganzes aufs engste zusammengehören und so starke Wechselwirkungen untereinander aufweisen können, dass kleine Veränderungen in scheinbar unbedeutenden Teilen die Funktion des ganzen Systems in erheblichem Maße beeinträchtigen können.

Dabei ist es nur eine Frage des Blickwinkels und der Differenzierung, ob wir die Menschen, die das Unternehmen beeinflussen oder von ihm beeinflusst werden, als Individuen betrachten oder ob wir sie gruppenweise institutionalisiert, etwa als Abteilungen oder Fachbereiche, verstehen. Die Prinzipien der wechselseitigen systemischen Einflussnahme gelten gleichermaßen. Zur obersten Führungsaufgabe und zu einer guten Unternehmensentwicklung gehört es folglich, nicht nur die äußeren Umstände zu beeinflussen, sondern auch die Umstände innerhalb des Unternehmens zu beeinflussen, zu gestalten und zu pflegen. Man sollte also – um im Bild zu bleiben – seinen kleinen Zeh nicht vergessen!

Egal, ob wir die Innensicht oder die Außensicht des Unternehmens im Blick haben – zentral ist: Lineare Führung ist nicht möglich. Führung und Entwicklung in komplexen Umwelten erfolgen ihrem Wesen nach immer mittelbar und indirekt. Die Umstände sind dabei diejenigen Elemente, die wir beeinflussen und verändern müssen, um unsere Umwelt im Rahmen unserer Möglichkeiten zu gestalten.

Wenn wir es nun also in jeder Richtung und in jeder Hinsicht, sowohl nach innen als auch nach außen, mit komplexen Umwelten zu tun haben, die letztendlich eine hohe Dynamik bewirken, stellt sich natürlich die Frage: Wie kann man ein Unternehmen zielgerichtet führen und entwickeln?

Machen wir uns dafür zunächst klar, was ein Ziel ist: Ein Ziel ist definiert als die gedankliche Vorwegnahme eines zukünftigen Ereignisses in der Gegenwart. Man nimmt also in der Vorstellung einen späteren Zeitpunkt ein und versucht, diesen möglichst exakt zu beschreiben. Diese Vorgehensweise unterscheidet sich nicht von der oben schon diskutierten eindeutigen Zielbestimmung. Dann geht man zurück auf den Istzustand und überlegt planend, welche Schritte man jetzt oder in der nahen Zukunft gehen muss, um den späteren gewünschten Zielzustand zu erreichen.

Eine solche exakte Planung kann man gut auf einem leeren Blatt Papier vornehmen, indem man so tut, als gäbe es keine störenden Einflüsse. Aber wir wissen alle: Die Wirklichkeit sieht anders aus. Denn wenn wir über unsere Erfahrungen hinaus der Tatsache Rechnung tragen, dass unsere eigenen Aktivitäten unmittelbare Reaktionen und Veränderungen in unserer Umwelt hervorrufen, dann kann bereits beim ersten planmäßigen Schritt der ausgedachte Plan schon nicht mehr funktionieren. Durch unsere erste geplante Handlung verändern sich sofort alle Umstände, in denen wir uns befinden, und dadurch auch die Annahmen, die in unsere Planung eingeflossen sind. Im Grunde genommen könnten wir die Planung also auch sein lassen, zumindest wenn wir sie auf diese Art und Weise vornehmen. Aber es liegt wohl in unserem Wesen begründet, dass wir uns nicht fatalistisch auf ein Treiben im Strom einlassen wollen und es nicht tatenlos hinnehmen möchten, dass Planung und Führung letzten Endes unmöglich sind. Ein Unternehmensführer will schließlich kein unbeteiligter Beobachter seines Unternehmens sein und dabei zuschauen, wie sich sein Unternehmen sozusagen an ihm vorbeientwickelt. Eine der wichtigsten Führungsaufgaben überhaupt ist damit, die Umstände, in denen sich unsere Organisation befindet, das Unternehmensumfeld, zu bestellen. Was also ist zu tun?

6.2 In Möglichkeiten denken

Wir tun gut daran, uns von der Machbarkeit exakter Pläne und der Definition exakter Zielvorstellungen zu verabschieden. Besser und sinnvoller ist es, in Möglichkeitsräumen zu denken, in denen wir mithilfe eines *Zielkorridors* diejenigen Zustände unseres Unternehmens zu einem späteren Zeitpunkt beschreiben, die sowohl möglich als auch wünschenswert sind.

Die Definition eines Zielkorridors macht es möglich, in einer mehrdimensionalen Perspektive gewünschte oder doch zumindest akzeptable, künftige Zustände unseres Unternehmens zu beschreiben, ohne dabei aber in die Falle einer vermeintlich eindeutigen Zieldefinition zu tappen. Entscheidend ist dabei: Wir müssen in Möglichkeiten denken und bewusst Alternativen zulassen, deren Urheber und Architekten wir nur in sehr begrenztem Maße sind. Denn der spätere Zustand, den unser Unternehmen einnimmt, ist das Resultat sowohl der inneren als auch der äußeren Dynamiken, und beide können wir nur sehr begrenzt beeinflussen. Was also am Ende eines Entwicklungsprozesses herauskommt, ist weniger unser aktives Werk als Unternehmensführer als vielmehr das Ergebnis unseres bewussten Zulassens von Möglichkeiten. Dass diese Möglichkeiten dynamisch entstehen, können wir zwar beeinflussen, aber sie entziehen sich einem direkten, steuernden Zugriff.

Wie schwach dieser kausale Zusammenhang ist, wird umso sichtbarer, je weiter wir in die Zukunft blicken. Unternehmensführer vergleichen sich, wie ich oben schon skizziert habe, oft mit einem allwissenden, steuerungsmächtigen Kapitän auf dem großen Tanker, den wir Unternehmen nennen und den es punktgenau in den Zielhafen zu navigieren gilt. Doch in komplexen, modernen Umwelten muss ein solches Bild von Steuerung und Führung versagen. Die Wirklichkeit sieht anders aus, und die Unternehmensführer tun gut daran, bescheidenere Fantasien zu haben. Die Aufgaben indes, die es zu bewältigen gilt, sind um ein Vielfaches größer und anspruchsvoller.

Wir sollten uns allerdings davor hüten, deshalb in die gegensätzliche Position zu verfallen: Einem gewissen Zeitgeist gemäß wird immer wieder die Vorstellung propagiert, eine Führungskraft sei ein bloßer Moderator von Prozessen. Diese Vorstellung greift zu kurz; ein solcher Moderator bliebe hinter der Notwendigkeit einer Steuerung und auch hinter seinen Möglichkeiten und Verantwortlichkeiten zurück. Denn es gibt durchaus Instrumente, die es dem Management eines Unternehmens oder einer Organisation ermöglichen, gerade angesichts der konkreten Unmöglichkeit der Planung systemischer Wechselwirkungen seiner Führungsaufgabe auf kluge und bedachte Weise nachzukommen.

6.3   Begrenzer und Befähiger

Die Führung und Entwicklung einer Organisation finden in einem Spannungsfeld zwischen Begrenzungen, Möglichkeiten und Idealvorstellungen statt. Daher ist es wichtig für die Unternehmensführung, sich mit diesen einzelnen Aspekten näher zu befassen und ihr Umfeld in diesen Hinsichten zu analysieren.

Eine erste entscheidende Aufgabe besteht darin, die Begrenzer zu identifizieren. Mit dem Begriff Begrenzer bezeichne ich diejenigen Faktoren, die faktische Restriktionen vorgeben, die nicht ohne Weiteres verändert werden können. Befähiger sind demgegenüber Faktoren, die ein Unternehmensleiter in besonderem Maße beeinflussen kann und zugunsten des Unternehmens verändern kann. Vereinfacht könnte man also zunächst festhalten, dass Begrenzer solche Faktoren sind, die mehr oder minder unveränderlich vorgegeben sind, und dass Befähiger dementsprechend Faktoren sind, die dem Management variabel zur Disposition stehen. Schaut man allerdings etwas genauer hin, verändert sich diese Sichtweise: Auf den zweiten Blick zeigt sich, dass die Tatsache, ob man etwas als Begrenzer oder als Befähiger wahrnimmt und bei seiner Planung entsprechend behandelt, eng mit der persönlichen Bewertung der entsprechenden Faktoren zusammenhängt: Je nach Blickwinkel kann ein und derselbe Faktor einmal als Begrenzer und einmal als Befähiger aufgefasst werden.

Wenn wir es uns zur Aufgabe gemacht haben, unser Unternehmen zukunftsfähig zu machen und weiterzuentwickeln, müssen wir von seinem heutigen Zustand ausgehen: Es liegt eine bestimmte Organisationsstruktur vor, die wahrscheinlich im Laufe der Jahre gewachsen ist oder angelegt wurde. Das Unternehmen verfügt über einen Personalstamm, über eine bestimmte Unternehmenskultur und über bestimmte Prozesse, die sich in der Vergangenheit eingespielt haben. Und wahrscheinlich verfügt das Unternehmen über einen gewissen Kundenstamm und bestimmte Vertriebswege sowie über Lieferantenbeziehungen und Einkaufswege. Weitere Strukturmerkmale ließen sich noch hinzufügen. Das gewachsene Zusammenspiel aller dieser Aspekte beschreibt den heutigen Status quo unseres Unternehmens, und von diesem aus können wir die Entwicklung planen.

Wie das Unternehmen – aller Unmöglichkeit der Planung zum Trotz – künftig aufgestellt sein soll, hängt nun aber entscheidend von meinen Vorstellungen ab: Ist mein Personalstamm ein Faktor, der meine künftigen Möglichkeiten begrenzt? Oder ist meine Truppe ein befähigender Faktor, weil ich mir vom Potenzial gerade *meiner* Mitarbeiter besonders gute Chancen für die Zukunft erwarte? Die Antwort darauf liegt allein in meiner Betrachtungsweise. Das Gleiche gilt für die Organisationsstruktur: Ist sie ein offenes Tor oder ein Hindernis auf meinem unternehmerischen Weg in die Zukunft? Eine Antwort muss ich auch hier individuell suchen, indem ich bewerte, ob mit dem gegebenen Aufbau der Organisation bestimmte gewünschte Vorhaben zu verwirklichen sind oder eben nicht verwirklicht werden können. Die Antwort darauf besteht nicht in einem schroffen Entweder-oder, sondern in der Bewertung der einzelnen Faktoren gibt es allerlei Schattierungen und oft genug auch Optionen eines Sowohl-als-auch.

Es ist unmöglich, von heute auf morgen das komplette Personal auszutauschen oder die Organisation so grundlegend zu ändern, dass wir quasi über Nacht nur noch solche Faktoren im Unternehmen haben, die unserer Einschätzung nach die Unternehmensentwicklung besonders begünstigen. Wir müssen zunächst einmal unser Unternehmen (mit all seinen Strukturen, Prozessen, Personen und allen anderen Faktoren) so anerkennen, wie es ist. Auf dieser Basis müssen wir nachdenken: Welche Elemente sind hinsichtlich ihrer Eigenschaft als Begrenzer, welche als Befähiger für unsere Reise in die unternehmerische Zukunft zu beurteilen? Erst wenn wir hier eine fundierte Einschätzung gewonnen haben, kann die immerwährende Veränderung unseres Unternehmens in und mit seinen dynamischen und komplexen Umwelten als perspektivischer

Entwicklungsprozess angestoßen werden. Die Unternehmensleitung sollte daher regelmäßig selbstkritisch prüfen, wo sich Restriktionen und wo sich Potenziale im Unternehmen wahrnehmen lassen. Eine solche Analyse sollte zum unbedingten Repertoire einer professionellen Unternehmensführung gehören.

6.4   Das ideale Unternehmen

Neben der Ermittlung der Begrenzer und Befähiger gibt es noch einen dritten Aspekt, den man bei der Definition eines Zielkorridors zur Entwicklung des Unternehmens berücksichtigen muss, einen Aspekt, den sich Manager oft nicht bewusst machen: die Idealvorstellung von meinem Unternehmen. Dieses Ideal ergibt sich aus meiner Antwort auf die Frage: Wie wäre mein Unternehmen idealerweise aufgestellt, wenn es diese lästigen Einflüsse der Umwelt – seien sie innerhalb oder außerhalb des Unternehmens – nicht gäbe? In dieser Vorstellung vom Idealzustand fließen alle bewussten und unbewussten Annahmen darüber, wie ein Unternehmen *idealerweise sein sollte*, zusammen: Wie ist die Organisationsstruktur? Welches Führungsverständnis herrscht im Unternehmen? Wie sind die Art und die Qualität der Produkte und Dienstleistungen? Wie ist das Kundenverhältnis? Wie bin ich personell aufgestellt? Auch hier ließen sich noch zahlreiche Aspekte anführen, die allesamt in die Frage münden: Wie sähe das Unternehmen idealerweise aus, sowohl heute als auch in Zukunft? In diese Idealvorstellungen, die wir in der Realität niemals erreichen können, fließen neben strukturellen und architektonischen Fachaspekten auch persönliche Werte mit ein. Die grundlegenden Wertehaltungen haben entscheidenden Einfluss darauf, was genau eine Unternehmensführung überhaupt unter einem Unternehmen versteht und was, davon abgeleitet, in ihrer Sicht ein ideales Unternehmen wäre. Die Wertehaltungen des Managements geben eine bestimmte Richtung und Orientierung vor. Dabei ist unerheblich, wo diese Wertehaltungen herkommen, ob sie unbewusst im persönlichen Lebenslauf erworben, also sozialisiert wurden oder ob die Wertehaltungen in einem bewussten reflektierenden Prozess der persönlichen Selbstbestimmung entwickelt und verfeinert wurden.

Führung ist immer werteorientiert
Egal, wie die Werte entstanden sind: Jede Unternehmensführung ist immer auch eine werteorientierte Unternehmensführung. Werteorientiert bedeutet in diesem Zusammenhang, dass unser Handeln in der Praxis von letztendlich abstrakten Werten geleitet ist. Damit sind nicht per se die monetären Werte gemeint, die einem gerade in wirtschaftlichen Zusammenhängen als Erstes in den Sinn kommen mögen. Vielmehr geht es hier um nicht-materielle, moralische Werte. Es geht um Wertehaltungen, die einen außerökonomischen Charakter haben und dennoch – oder eigentlich: gerade deshalb – auch in den wirtschaftlichen Zusammenhängen, in denen wir agieren, unsere Handlungen leiten. Im Begriff Orientierung findet sich das Wort Orient, vom lateinischen Begriff für den

Osten abgeleitet. Im Osten geht, zumindest aus unserem abendländischen Blickwinkel, die Sonne auf. Wir können uns daher auf unseren Reisen am Stand der Sonne orientieren. Wir wissen, dass die Sonne morgens im Osten zu finden ist, mittags im Süden und abends im Westen. Die Sonne gibt uns Orientierung. Ganz egal, wie engagiert und beständig wir in Richtung Osten, dem Orient entgegen, der morgendlichen Sonne entgegenlaufen: Die Sonne selbst werden wir nie erreichen. Sie gibt lediglich die Richtung vor, an der wir uns orientieren (siehe Abb. 6.1). Genauso verhält es sich mit unseren idealen Vorstellungen von einem Unternehmen.

Ohne Werte keine Effektivität

Werte können uns Orientierung geben, wir können uns nach ihnen richten, aber wir werden sie nie erreichen und sie vollständig verwirklichen können. Das ist nur in der Abstraktion, in der idealen Welt unserer Gedanken möglich. In der Alltagspraxis geben uns unsere Wertevorstellungen lediglich die notwendigen Orientierungen für unser Handeln vor, ohne jemals wirklich und vollständig realisierbar zu sein. Bei der Entwicklung eines Unternehmens allerdings, bei der notwendigen Definition eines Zielkorridors spielen unsere Wertevorstellungen, so abstrakt und unerreichbar sie auch sein mögen, eine wichtige Rolle. Denn am Ideal unseres Unternehmens orientiert, können wir überhaupt erst beurteilen, ob wir bestimmte gegebene Faktoren als Begrenzer oder als Befähiger beurteilen.

Unser ideales Unternehmen, in das auch unsere Werteorientierungen mit einfließen, ist also der *Bezugspunkt und das Kriterium*, an dem wir unterscheiden, ob bestimmte gegebene Faktoren dazu geeignet sind, uns auf dem unerreichbaren Weg in Richtung ideales Unternehmen zu begrenzen oder zu begünstigen. Unsere unternehmensbezogenen Werte und Ideale weisen uns die Richtung, in die wir unser Unternehmen führen und entwickeln sollen. Damit sind sie zugleich auch die Bezugsgrößen, anhand derer wir festlegen können, was für uns das Richtige ist. Mit anderen Worten: Erst mithilfe unserer

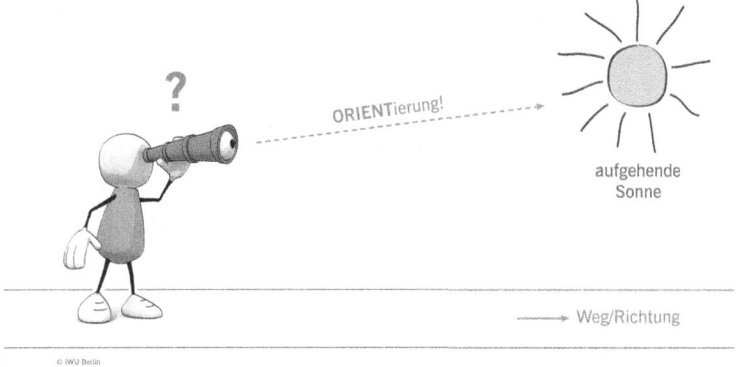

Abb. 6.1 Orientierung weist den Weg

Werte und Idealvorstellungen können wir den in wirtschaftlichen Zusammenhängen so oft strapazierten Begriff der Effektivität (die *richtigen Dinge* tun) brauchbar mit Inhalt füllen, um anschließend die Maßnahmen und Instrumente festzulegen, mit denen wir auch effizient (die Dinge *richtig tun*) sein können.

6.5   Einen Zielkorridor aufspannen

Wenn wir begrenzende und befähigende Faktoren identifiziert haben, können wir mit ihnen gleichsam einen gedanklichen Raum der Möglichkeiten aufspannen, einen Bereich, in dem sich unser Unternehmen zu entwickeln vermag. Dabei können wir die von uns als günstig erkannten Faktoren auf die begrenzenden Faktoren beziehen und überlegen: Wie können diese Faktoren, ausgerichtet am Idealzustand unseres Unternehmens, der beschränkenden Wirkung bestimmter Faktoren entgegenwirken? Die Bezugsgröße für diesen Abgleich ist auch hier wieder die Idealvorstellung, die vom Unternehmen entwickelt wurde.

Je nachdem, wie ich also beispielsweise bestimmte strukturelle oder personelle Gegebenheiten meines Unternehmens oder auch meines Standorts bewerte, kann ich zu dem Schluss kommen, dass es sich entweder um einen begrenzenden oder befähigenden Faktor handelt. Die Fragen, die ich mir stellen muss, um dies herauszufinden, lauten beispielsweise: Was wäre der ideale Standort für mein Unternehmen? Was wären die idealen Prozesse und Abläufe in meinem Unternehmen? Wie würde meine ideale Belegschaft aussehen? Wie viele Mitarbeiter hätte ich, und über welche Kompetenzen würden sie idealerweise verfügen? Wie würde meine ideale Unternehmenskultur ausgeprägt sein und gelebt werden? Um diese Fragen beantworten zu können, brauche ich aber die Vorstellung meines idealen Unternehmens. Zu ihm komme ich beispielsweise mit der Frage: Wie würde mein Unternehmen – und auch sein Umfeld – aussehen, wenn es absolut perfekt wäre? Da es aber das perfekte Unternehmen in der realen Welt der Praxis nicht gibt, kann es nur im abstrakten Reich meiner Ideen existieren, also „nur" *ideal* sein und nie erreicht werden. Dieses Ideal jedoch ist sehr wichtig, da es eine Orientierung gebende Funktion hat. Ähnlich wie in Abb. 6.1 die Sonne im bildlichen Sinne den Weg zeigt, ist die ideale Organisation die leitende Vorstellung, an der wir die Richtung unserer praktischen Entscheidungen und Handlungen orientieren. Entsprechend ist es auch unser spezifisches ideales Unternehmen, das wir als Bewertungsmaßstab heranziehen, wenn wir beispielsweise feststellen, dass unser aktuell gegebener und sehr erfahrener Personalstamm durchaus dazu angetan ist, unsere Organisation in ihrer „idealen" Entwicklung zu befähigen, aber unsere Kapitalausstattung hingegen so schlecht ist, das wir beispielswiese unser Personal auf Dauer gar nicht halten können.

Die Abb. 6.2 „Befähiger und Begrenzer" zeigt einen pragmatischen Weg, wie Befähiger und Begrenzer systematisch aufeinander bezogen werden können, wobei sich der

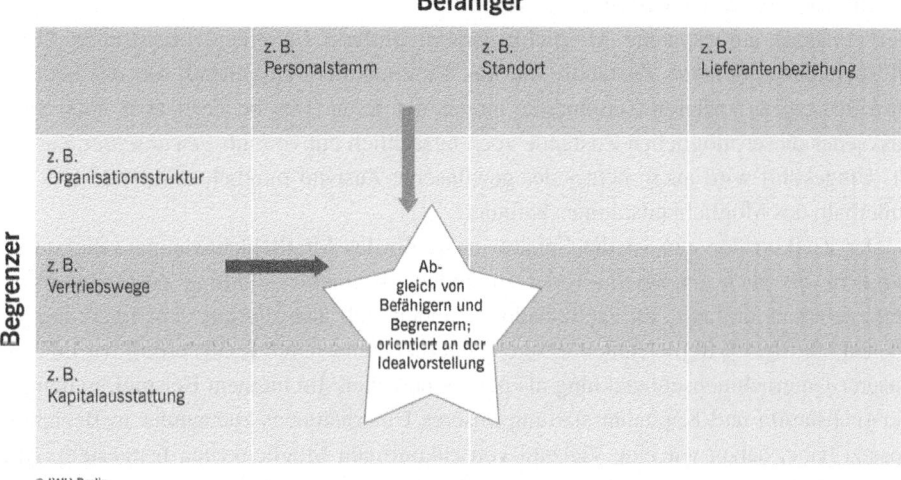

Abb. 6.2   Befähiger und Begrenzer

Abgleich immer an der Idealvorstellung, die wir von unserer Organisation haben, orientieren soll. Das ist der erste Schritt zur Eröffnung eines Zielkorridors, bei dem die
konkreten Gegebenheiten identifiziert und hinsichtlich ihrer Funktionalität zur bestmög-
lichen Realisierung eines (nie zu erreichenden) Idealzustandes analysiert werden. Daraus können denkbare mögliche Zustände abgeleitet werden, die die Organisation in der
Zukunft einnehmen kann. Um im Beispiel zu bleiben, wäre es also denkbar und möglich, dass mit Blick auf die schlechte Kapitalausstattung nach und nach ein Großteil der
Belegschaft freigesetzt und durch (weniger) neue Mitarbeiter mit geringeren Lohnkosten
ersetzt wird – dies aber womöglich um den Preis geringerer Effektivität und Effizienz, da
es den neuen Mitarbeitern an Erfahrung fehlt. Es wäre aber vielleicht auch denkbar und
möglich, am bisherigen Personalstamm festzuhalten und über Fremdkapital die hohen
Personalkosten zu bestreiten. Beides sind – in meinem Beispiel – denkbare und mögliche Zustände, die mein Unternehmen zu einem späteren Zeitpunkt, etwa in einem Jahr,
einnehmen könnte. Ebenso könnten Mischformen aus diesen beiden Zuständen realisiert
sein. Es gibt also ein mehr oder weniger breites Spektrum an Möglichkeiten, wie sich
in der künftigen Entwicklung die beiden ausgewählten Faktoren „Personalstamm" und
„Kapitalausstattung" aufeinander beziehen lassen. Dasselbe gilt für die Bezugnahme
aller anderen Faktoren untereinander, die wir als Befähiger oder Begrenzer identifiziert
haben. Alle gemeinsam spannen in der Komplexität ihrer gegenseitigen Beeinflussung
einen denkbaren Möglichkeitsraum auf, der sich unserem Unternehmen in die Zukunft
hin öffnet.

Machbare und wünschenswerte Zustände

Der zunächst aufgespannte Möglichkeitsraum umfasst (in einem praktischen Sinne) alle denkbar *möglichen* Zustände, die das Unternehmen, ausgehend von der heutigen Ist-Situation, zu späteren Zeitpunkten einnehmen kann. Das bedeutet aber noch nicht, dass jeder dieser möglichen Zustände auch tatsächlich ein von uns *gewünschter* Zustand ist. Umgekehrt wird auch nicht jeder gewünschte Zustand möglich sein, sodass er sich außerhalb des Möglichkeitsraumes befindet.

Der Zielkorridor nun ist die Sphäre innerhalb des Möglichkeitsraumes, die *sowohl mögliche als auch gewünschte* (oder zumindest akzeptable) künftige Zustände unseres Unternehmens umfasst. Im Zielkorridor befinden sich also die mit dem Ideal abgeglichenen künftigen Möglichkeiten unseres Unternehmens, deren Realisierung wir im Zuge unserer Unternehmensentwicklung als positiv bewerten. Im meinem Beispiel, in dem ich Personalstamm und Kapitalausstattung unseres Unternehmens zueinander in Beziehung gesetzt habe, haben wir eine Vielzahl von zukünftigen Möglichkeiten festgestellt. Aber nicht jede dieser Möglichkeiten muss mit Blick auf meine Idealvorstellung von mir als wünschenswert eingestuft werden. So könnte es etwa sein, dass die Freisetzung eines bestimmten harten Kerns an langjährigen und loyalen Mitarbeitern keine akzeptable Option für mich mehr darstellen kann – auch wenn sie denkbar und möglich wäre.

Damit zieht der Zielkorridor auch eine Grenze zwischen (ethisch und wirtschaftlich) grundsätzlich wünschenswerten und nicht mehr wünschenswerten Möglichkeiten unseres Unternehmens. Dieser Zusammenhang ist in der Abb. 6 dargestellt. Die Achsen spannen den mehrdimensionalen, gedanklichen Raum aller Möglichkeiten auf, die eine Organisation, ausgehend von dem jetzigen Zustand IST^0 einnehmen kann. Alle Punkte innerhalb dieses Raumen stellen künftige Zustände dar, die nach unserer Analyse möglich sind. Da unsere Organisationsentwicklung aber nicht beliebig, sondern im „Rahmen unserer Möglichkeiten" *gerichtet* sein soll, umfassen wir mit unserem Zielkorridor diejenigen Möglichkeiten, die für uns auch wünschenswert sind. Je mehr Möglichkeiten wir dabei gerade noch als wünschenswert akzeptieren, desto wahrscheinlicher ist es, eine dieser Möglichkeiten zu einem späteren Zeitpunkt zu realisieren; desto weiter spannt sich demnach auch der Zielkorridor in die Zukunft auf.

Wichtig dabei ist: Der Zielkorridor bildet selbst einen dynamisch sich verändernden Raum, der gleichsam eine Vielzahl von Zielzuständen umfasst. Er ist damit weit davon entfernt, als ein eindeutiges, fest definiertes Ziel verstanden zu werden. Der Zielkorridor ist ein gedanklicher Raum, der sich ergibt, wenn das Machbare mit dem Wünschenswerten abgeglichen wird. Es wäre ein Fehler, sich diesen Zielkorridor statisch zu denken. Er ist vielmehr hochgradig dynamisch und veränderlich, und jeder zu einem späteren Zeitpunkt tatsächlich realisierte Zustand unseres Unternehmens ist dann zugleich der Ausgangspunkt für einen neuen Zielkorridor, der sich auf dieser neuen Basis definieren lässt. Diesen Zielkorridor zu bestimmen, ist damit eine bedeutende laufende Aufgabe einer zukunftsorientierten Unternehmensführung und -entwicklung. In der Abb. 6.3 ist diese Neubestimmung durch den an IST^1 angeschlossenen, neuen Zielkorridor dargestellt. Er

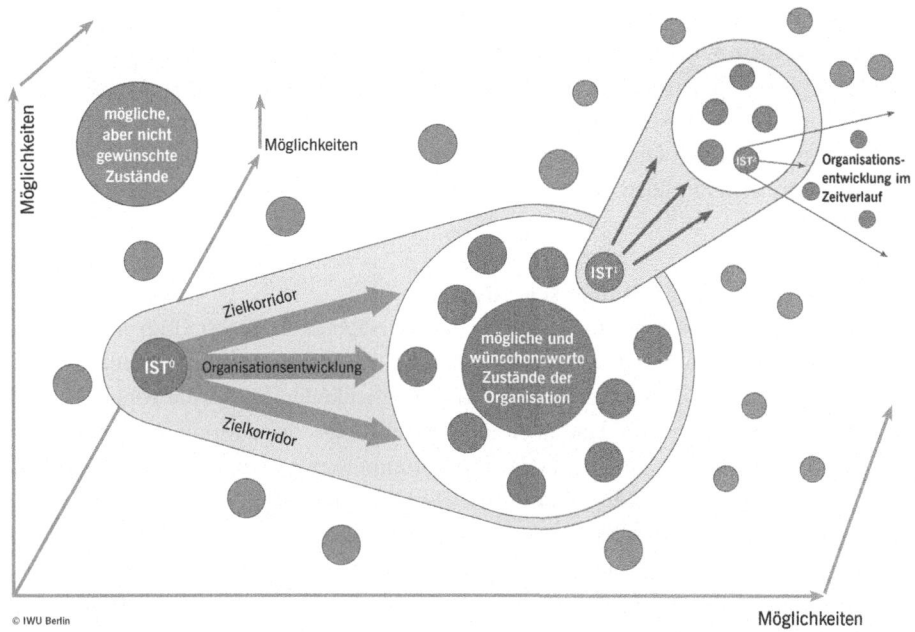

Abb. 6.3 Zielkorridor

ist gleichsam der gegebene Zustand unseres Unternehmens zu einem künftigen Zeitpunkt, der selbst wieder Ausgangspunkt für die Neubestimmung des Zielkorridors wird.
Zu diesem Zeitpunkt verfügt beispielsweise mein Unternehmen über eine andere Kapitalausstattung und einen anderen Personalstamm als zum ursprünglichen Zeitpunkt IST^0,
zu dem wir unsere Überlegungen gestartet haben. Sofern mein Unternehmen zu IST^1
einen noch gewünschten Zustand realisiert hat, habe ich meine Organisation innerhalb
meines Zielkorridors entwickelt. Ausgehend von diesem neuen, jetzt aktuellen Zustand
stelle ich meine ursprünglichen Überlegungen wieder neu an: Welche Befähiger und
Begrenzer habe ich? Wie beziehen sich diese auf mein ideales Unternehmen? Welche
Zustände sind von nun an künftig denkbar, möglich und wünschenswert? Aber wohlgemerkt: Die Wirklichkeit meines Unternehmens ist komplexer und vieldeutiger als es
in der exemplarischen Bezugnahme lediglich der beiden Faktoren Personalstamm und
Kapitalausstattung scheinen mag.

Bei dieser Neubestimmung findet wieder ein gedanklicher und strategischer Abgleich
der als möglich erkannten und als wünschenswert akzeptierten künftigen Zustände
unserer Organisation statt. Dabei ist jeder künftige Zustand bereits als Möglichkeit in
unserem heutigen Zustand angelegt, exakt oder gar linear planen lässt sich dieser Ent-
wicklungspfad indes nicht. Die strategische Frage der Unternehmensführung „Wohin
geht unsere Reise?" können wir also nicht exakt, sondern nur tendenziell und unter
Berücksichtigung einer Vielzahl von künftigen Möglichkeiten beantworten.

Je enger die Zeitintervalle sind, in denen ich denke, desto direkter und unmittelbarer lässt sich mein Unternehmen auch in komplexen und dynamischen Umwelten führen. Von jetzt auf gleich ist die Welt gewissermaßen noch vorhersehbar. Von heute auf morgen wird es schon schwieriger mit Vorhersagen, und von dieser auf die nächste Woche oder von diesem Quartal auf das nächste ist es geradezu unmöglich, exakte Vorhersagen zu treffen. Die Idee und das Verfahren des Zielkorridors tragen dieser Tatsache Rechnung.

Die Geschichte der Organisation schreiben

Der Zielkorridor geht konstitutiv von der Unvorhersagbarkeit der Zukunft aus, berücksichtigt aber die Tatsache, dass in jedem Zustand, den unser Unternehmen zu einem bestimmten künftigen Zeitpunkt einnimmt, die Möglichkeiten für dessen perspektivische Entwicklung inbegriffen sind. Und auch die Tatsache, dass diese Möglichkeiten von den Umständen, in denen wir uns befinden, mitbestimmt werden, wird von der Logik des Zielkorridors aufgegriffen. Mit Blick in die Vergangenheit, also auf die bisherige Entwicklungslinie, die unser Unternehmen genommen hat, um zu seiner heutigen Ist-Situation zu kommen, kann man analog formulieren: Die Geschichte unseres Unternehmens ist der Ausdruck aller bis heute im Zeitablauf realisierten Möglichkeiten. Dabei spielt es keine Rolle, ob diese Unternehmensgeschichte seinerzeit an einem Ideal orientiert und gewünscht war oder nicht; denn es kann auch sein, dass mir im Laufe der Zeit mein Unternehmen aus dem Korridor gelaufen ist und Zustände eingenommen hat, die ich so nicht gewollt hatte. Allerhöchste Zeit, um meine Führungs- und Entwicklungsstrategie grundlegend zu überdenken.

Auf jeden Fall aber ist unser Unternehmen abhängig von seiner bisherigen Geschichte. Sein heutiger Zustand ist sowohl das Resultat der bisher verwirklichten Möglichkeiten als zugleich auch der Bestimmungspunkt aller künftigen Entfaltungsmöglichkeiten: der künftigen Geschichte unserer Organisation, die wir schreiben. Und diese künftigen Möglichkeiten sind unser Fokus: Wir wollen sie mithilfe unseres Zielkorridors in einer Weise strukturieren, dass sich unser Unternehmen in solchen Möglichkeiten verwirklicht, die wir mit Blick auf unsere Idealvorstellung als *wünschenswert* anstreben. Die Kunst liegt darin, ein Unternehmen in komplexen Umwelten zu führen und zu entwickeln, ohne in die Falle eindimensionaler, linearer Zukunftsvorstellungen zu tappen. Moderne Unternehmensführung ist werteorientiert; sie hat einen Sinn für künftige wünschenswerte Möglichkeiten und versucht beständig, dafür günstige Umstände zu schaffen, Umstände, die sie dann auch zu verantworten hat.

Reflexive Entwicklung der Organisation 7

Der von mir konzipierte Zielkorridor ist ein Instrument, das der Organisationsentwicklung in komplexen Zusammenhängen dienen soll. Der Zielkorridor trägt der Tatsache Rechnung, dass die Zukunft prinzipiell nicht planbar ist und sich aus dem Zusammenwirken verschiedenster Akteure im Umfeld der Organisation ergibt. Ein wichtiger Grundgedanke ist dabei, dass auch die jeweils betrachtete Organisation selbst in einem wechselseitigen Verhältnis mit ihrem Umfeld diese dynamische Entwicklung der Zukunft mit beeinflusst. Gemeinsam mit den Akteuren in ihrem Umfeld konstituiert die Organisation ein Kräftefeld, innerhalb dessen sie sich behaupten muss.

7.1   Das Kräftefeld einschätzen

Keine Organisation existiert, ohne in mannigfacher Weise Beziehungen zu ihrem Umfeld zu haben. Beispielsweise interagiert sie netzartig mit ihren Kunden und Partnern, mit politischen Instanzen oder Interessenvertretungen oder auch mit Wettbewerbern, um nur einige zu nennen. Alle diese Akteure bilden füreinander das jeweilige Umfeld, in dem sie agieren. Sie sind jeweils Umstände füreinander, ob sie wollen oder nicht, und sie erzeugen durch ihr Tun und Lassen eine andauernde Dynamik und Veränderung. Wie schnell, gut und präzise ich meine Vorhaben realisieren kann und wie effektiv ich mein Unternehmen in eine bestimmte gewünschte Richtung entwickeln kann, hängt also ganz entscheidend davon ab, welche „Kräfte" auf mein Tun einwirken. Kräfte, die sich aus der gesamten Interaktionsdynamik des Gefüges ergeben, in dem ich mich befinde: dem Kräftefeld meiner Organisation (siehe Abb. 7.1).

Dieses Kräftefeld ist weit mehr als eine bloße Stakeholder-Map, in der (meist in einer Eins-zu-Eins-Beziehung) kartografiert wird, welche Ansprüche bestimmte Stakeholdergruppen an mich stellen, um dann zu definieren, wie mit diesen Ansprüchen

© Springer Fachmedien Wiesbaden 2016   91
M. Schmidt, *Reichweite und Grenzen unternehmerischer Verantwortung*,
DOI 10.1007/978-3-658-13638-3_7

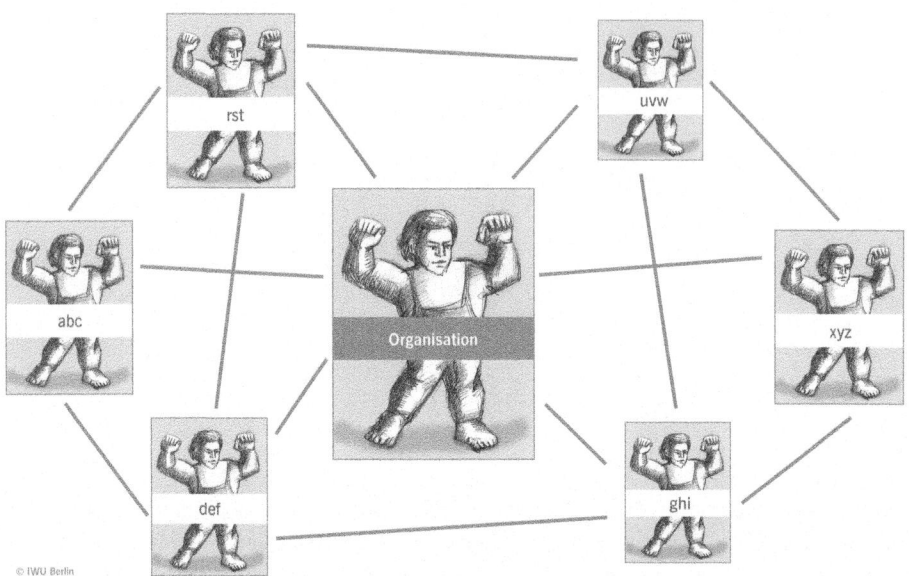

Abb. 7.1 Kräftefeld einer Organisation

umgegangen werden soll. Das Kräftefeld ist wesentlich komplexer und umfassender als eine bloße Auflistung von Beziehungen und berücksichtigt die reflexive, wechselseitige Beeinflussung aller Akteure. Es reicht also nicht zu fragen, wie ich die Ansprüche eines oder mehrerer Stakeholder erfüllen kann und will. In Hinsicht auf das Kräftefeld ist vielmehr zu fragen, wohin sich beispielsweise ein Standort oder eine Region entwickelt, wie bestimmte Themen diskutiert und umgesetzt werden, in welcher Hinsicht ein möglicher Innovationsdruck entsteht – um nur einige mögliche Fragen zu nennen – und wie ich damit umgehe oder auch selbst diese Dynamik beeinflusse.

Wenn ich beispielsweise der Automobilbranche angehöre, die ihre Fahrzeuge überwiegend mit Verbrennungsmotoren ausstattet, ich selbst aber stark für Elektroautos einstehe, werde ich versuchen, die Branche und den Markt in Richtung Elektroautos zu beeinflussen, um meine Produkte zu verkaufen. Das allerdings kann ich nicht gegen die Dynamik des Kräftefelds tun, in dem ich mich befinde. Selbst wenn meine Organisation über die Technologien (das organisationsspezifische Vermögen) verfügt, eine sehr große Stückzahl von ausgereiften Elektroautos zu produzieren, wird es unternehmerisch wenig sinnvoll sein, diese Autos in voller Menge auf den Markt zu bringen, solange nicht die notwenige flächendeckende Infrastruktur vorhanden ist, die Nachfrage nach solchen Fahrzeugen relativ gering ist, die Lobby der Mineralölindustrie und das politische Klima in dieser Hinsicht defensiv sind. Mein Unternehmen ist in diesem Beispiel Kräften ausgesetzt, die die volle Verwirklichung und Entfaltung meines unternehmerischen Anliegens behindern. Dennoch ist meine Organisation zugleich selbst eine Kraft, die mit innovativen Produkten eine zunehmende Zahl von Kunden erreicht und mit einer (womöglich) gesamtgesellschaftlichen Entwicklung korrespondiert, die die Dynamik in der Branche mitbestimmt. Somit verhindert mein Unternehmen die volle Verwirklichung der unternehmerischen Anliegen der Produzenten von klassisch angetriebenen Fahrzeugen und wirkt entsprechend auf das Kräftefeld, in dem es sich befindet, ein.

Die eigene Organisation ist somit nicht nur abhängig von der Entwicklung dieses Kräftefeldes, sondern sie bestimmt es zugleich auch mit. Ebenso hängt dieses Kräftefeld von der Organisationsentwicklung ab und bestimmt sie zugleich. Denn ich kann meine Organisation nur so entwickeln, wie es das Kräftefeld, in dem sie sich befindet, zulässt. Da meine Organisation aber selbst immer auch auf das Kräftefeld einwirkt, stellt sich die Frage: Welche Fähigkeiten sind letztendlich nötig, um diese Dynamik bestmöglich mitzugestalten? Denn die Entwicklung sollte ja nicht nur einfach „passieren", sondern unsere Anliegen und Interessen als Organisation und auch als Individuen wollen wir ja bestmöglich berücksichtigt wissen. Wie kann ich also die Umstände in meinem Sinne beeinflussen? Was muss ich dabei berücksichtigen, um meine Organisation und meine Mitarbeiter effektiv zu führen und zu entwickeln? Im folgenden Kapitel beschreibe ich dafür einige theoretische Zusammenhänge, die je nach der Herausforderung, vor der eine Organisation steht, mit konkreten Inhalten gefüllt und für den Praxisfall angewendet werden können.

7.2   Die Doppel-Rolle der Organisation erkennen

Das konstruktive Zusammenspiel zwischen den Umständen, in denen ich mich bewege, und meinem individuellen Vermögen, das ich mitbringe, kann als *Befähigung* bezeichnet werden. Diese Befähigung ermöglicht es mir – sei es nun als Individuum oder Organisation –, innerhalb der Zusammenhänge, in denen ich stehe (man könnte also auch sagen: innerhalb des Kräftefeldes der Organisation), notwendige Fähigkeiten zu verwirklichen, die ich für ein effektives Verfolgen meiner Anliegen und Interessen benötige. Abb. 7.2 veranschaulicht diese grundlegenden Zusammenhänge.

An dieser Stelle argumentiere ich, ohne zunächst einen Unterschied zwischen der Ebene der Organisation und der Ebene des Individuums zu machen. Denn prinzipiell besteht hier kein konzeptueller Unterschied.

Dafür, dass ich diesen Unterschied nicht mache, gibt es zwei Gründe. Ein erster Grund leitet sich aus den systemtheoretischen Annahmen ab, die den Ausgangspunkt meiner Überlegungen bilden: Es ist grundsätzlich meine eigene Entscheidung, was ich als Entität, als Element in einem komplexen Zusammenhang von etwas anderem betrachte, um es näher zu beleuchten. Man könnte es auch anders ausdrücken: Ein komplexes System besteht aus einer Vielzahl von Entitäten, aber was ich jeweils in meiner Betrachtung als eine Entität definiere – etwa eine einzelne Person oder die Abteilung eines Unternehmens, eine Organisation als Ganzes oder die Gesellschaft insgesamt –, hängt von mir und meiner aktuellen Perspektive und davon, was ich erklären möchte,

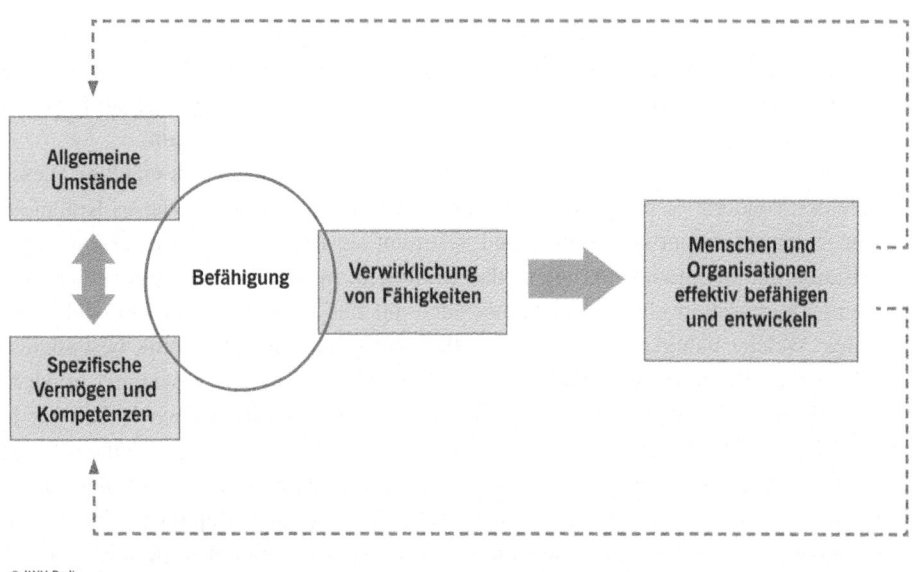

© IWU Berlin

Abb. 7.2 Menschen und Organisation effektiv befähigen und entwickeln

ab. Die grundlegenden Prinzipien aber, die die Abhängigkeiten zwischen diesen Entitäten beschreiben, sind in jedem Fall die gleichen. Ob ich also die gesamte Organisation als Entität in den Blick nehme, eine Gruppe von Individuen (etwa eine Abteilung
in einem Unternehmen) oder mich selbst, ist letztlich nur eine Frage des Blickwinkels.
Die Wirkmechanismen sind grundsätzlich dieselben, ich muss sie nur anders, nämlich
auf den betrachteten Gegenstand, die Organisation, die Abteilung oder das Individuum
hin interpretieren.

Der zweite Grund, weshalb ich an dieser Stelle die Ebenen noch nicht differenziere,
ist folgender: Betrachtet man Organisationen unter der Perspektive, welche Befähigungen sie aufweisen, um bestimmte Anliegen oder Interessen zu realisieren, befinden sie
sich in einer besonderen Position, die ich als eine Doppel-Rolle bezeichne. Einerseits
stehen sie selbst als organisationale Einheit, als eigene Entität, in bestimmten Umständen und verfügen über bestimmte organisationsspezifische Vermögen (im Sinne von
organisationalen Potenzialen) und Kompetenzen. Beides sind die maßgeblichen Bestim-
mungsgrößen dafür, in welchem Maße eine Organisation befähigt ist, bestimmte organisationale Fähigkeiten zu verwirklichen, die sie benötigt, um ihre Anliegen zu verfolgen
und sich in dem Kräftefeld, in dem sie sich befindet, zu behaupten. Andererseits bildet die Organisation wiederum diejenigen Umstände aus, in denen die Mitarbeiter ihre
höchst individuellen Vermögen und Kompetenzen einbringen. Daraus resultieren die je
spezifischen Befähigungen der Mitarbeiter, und mit diesen Fähigkeiten versuchen diese,
ihre individuellen Anliegen zu erreichen. Mit anderen Worten: Die Organisation steht als

Ganzes in einem Kräftefeld mit anderen Akteuren in ihrem Umfeld; und sie erzeugt nach innen, für die Unternehmensangehörigen, selbst ein dynamisches Kräftefeld.

Dieser Doppelaspekt ist zentral: Jede Organisation ist sowohl eine befähigende als auch eine zu befähigende Akteurin; jede Organisation steht nach außen in einem Kräftefeld und ist nach innen selbst ein Kräftefeld. Nach außen, in Bezug auf die komplexe wirtschaftliche, gesellschaftliche und politische Umwelt, in die sie eingebunden ist, muss das Interesse einer Organisation darin bestehen, bestmöglich für die Verwirklichung von organisationalen Fähigkeiten zu sorgen, um die eigenen unternehmerischen Vorhaben effektiv verfolgen zu können. Nach innen, in Bezug auf das komplexe Zusammenspiel der Mitarbeiter und organisationalen Einheiten (wie etwa Abteilungen oder Bereiche), muss das Interesse der Organisation darauf gerichtet sein, optimale Umstände zu schaffen und auch die individuellen Kompetenzen der Mitarbeiter zu verbessern und sie so zu befähigen, dass sie ihre Aufgaben effektiv umsetzen können. Denn grundsätzlich gilt: Ohne entsprechende Umstände, in denen wir wirken können, nützt uns (und anderen) das größte persönliche Vermögen nichts.

7.3   Organisation und Individuum befähigen

Will man ein Unternehmen als Ganzes führen und entwickeln, so kommt es darauf an, die Befähigung der Organisation insgesamt ebenso wie die Befähigungen der einzelnen Organisationsangehörigen so zu koordinieren, dass die übergeordneten Anliegen der Organisation bestmöglich erreicht werden können. Ich muss also untersuchen, wie sich mein Umfeld verändert, um die vorhandenen Potenziale im Unternehmen optimal damit abzugleichen – und zwar mit Blick auf meine unternehmerischen Vorhaben.

Der Begriff der Befähigung bildet dadurch das Pendant zu dem von mir oben eingeführten, zentralen Begriff des Zielkorridors: Das Konzept des Zielkorridors beruht auf der Einsicht, dass in einer dynamischen, komplexen Umwelt keine einfache, lineare Unternehmensplanung und -entwicklung möglich ist. Er ist sowohl eine konzeptionelle Idee als auch ein Instrument, mit dem eine Organisation im Rahmen des Möglichen und Wünschenswerten entwickelt werden kann. Diese Zusammenhänge wurden im Abschn. 6.5 beschrieben und beispielhaft erläutert. Das Konzept der Befähigung indes ist dazu geeignet, aktiv die individuellen Verwirklichungschancen von Fähigkeiten zu erhöhen, um das Potenzial der Organisation insgesamt zu steigern. Man könnte es also folgendermaßen formulieren: Die Idee des Zielkorridors ist das analytisch-strategische Moment, während das Konzept der Befähigung das faktisch-aktivierende Moment einer effektiven Unternehmensentwicklung bildet.

Die Aufgabe eines Unternehmensführers ist es demnach, den Blick für die äußeren Umstände, für das Kräftefeld, in dem sich die Organisation befindet, zu schärfen. Dieses Kräftefeld muss dann analysiert werden: Wo zeigen sich welche Möglichkeiten? Welche der identifizierten Möglichkeiten unterstützen die gewünschten Perspektiven der eigenen

Organisationsentwicklung? Zugleich muss die Unternehmensführung die internen Rahmenbedingungen so gestalten, dass die Mitarbeitenden in die Lage versetzt werden, ihre Fähigkeiten optimal umzusetzen und damit wirksam zu werden – und zwar mit Blick auf die grundsätzliche Entwicklung der Organisation als Ganzes innerhalb des Kräftefelds, in dem sie sich befindet.

Ein Problem allerdings bleibt: Die bisherigen Überlegungen führten zu der oben bereits erläuterten Einsicht, dass es nicht möglich ist, feste Organisationsziele zu definieren. Was seit Langem zum Lehrbuchwissen der Betriebswirte gehört und was unsinnigerweise noch immer oft genug gelehrt wird, funktioniert nicht mehr: exakte, eindeutige Ziele zu definieren, um sie dann systematisch abzuarbeiten. Wenn wir ehrlich sind, müssen wir zugeben, dass diese lineare Form der Führung auch noch nie wirklich funktioniert hat. Mein Denkansatz ist ein anderer. Ich gehe grundsätzlich vom Paradox der Unternehmensführung in komplexen und dynamischen Umwelten aus: Während die Notwendigkeit von Führung und Orientierung steigt, schlägt eine stringente, an festen und eindeutigen Zielen orientierte Führung fehl. Es braucht also ein anderes, modernes Verständnis von Führung, das die Komplexität und Unbestimmtheit der Zukunft als wesentlich für die Organisationsentwicklung betrachtet.

7.4   Wertehaltungen identifizieren

Da unser Tun, bewusst oder unbewusst, sehr stark von denjenigen Wertehaltungen geprägt ist, die sich im Laufe unseres Werdegangs und unserer Sozialisation entwickelt haben, ist auch die Dynamik in dem Umfeld, in dem wir handeln, nicht zuletzt auch von unseren Wertehaltungen bestimmt. Selbstverständlich lassen sich nicht alle Aspekte dieser Dynamik auf Werte zurückführen. Doch da bei unseren reaktiven ebenso wie auch bei unseren proaktiven Handlungen immer auch unsere Wertehaltungen im Hintergrund stehen, kommt diesen Werten eine besondere Bedeutung zu. Werte sind, so könnte man definieren, diejenigen Elemente, die über das bloße, sich zufällig ereignende Geschehen hinausweisen und unseren Aktivitäten eine Richtung geben. Mit anderen Worten: Wenn unsere Entscheidungen und Handlungen an Werten orientiert sind, dann sind es letztlich unsere Werte, die unseren Handlungen eine Richtung geben. Und mit unseren Handlungen wirken wir in die dynamische Umwelt ein, in die wir oder auch unsere Unternehmungen eingebunden sind.

Auf der Basis unserer Wertehaltungen beeinflussen wir das Kräftefeld, das wir gemeinsam mit anderen Akteuren in unserem Umfeld hervorbringen und in dem wir uns behaupten müssen. Weil die Zusammenhänge meist komplex und nicht planbar sind, können wir in letzter Konsequenz nicht wissen, welche Effekte unsere Handlungen auf lange Sicht in diesem Kräftefeld tatsächlich erzeugen. Aber wir können versuchen, die möglichen Entwicklungen zu antizipieren. Denn die Entwicklung unseres Kräftefelds hängt konstitutiv mit dem Zusammenwirken der Aktivitäten der anderen Akteure in diesem Kräftefeld zusammen, und deren Aktivitäten sind – nicht anders als bei uns selbst – maßgeblich von gelebten Werten und Interessen motiviert. Diese gilt es zu antizipieren, in ihrer Wirksamkeit und Mächtigkeit einzuschätzen und im Hinblick auf unsere Vorhaben zu beurteilen.

Am Beispiel der Automobilbranche, das ich in Abschn. 7.1 skizziert habe, kann man vermuten, dass hinter den Förderern von Elektroautos Werte stehen, die in besonderem Maße von der Idee der Nachhaltigkeit abgeleitet sind. Dies könnte sich beispielsweise in dem Anliegen äußern, den Abbau von fossilen Ressourcen zu stoppen, generell einen sparsameren Umgang mit Energie zu fördern oder den Lärmpegel in Städten durch die Verdrängung von lauten Verbrennungsmotoren zu reduzieren. Dieses Anliegen soll durch die Entwicklung und Verbreitung von Elektroautos unternehmerisch verwirklicht werden, wodurch letztlich die Werte des beispielhaften Unternehmens zur Geltung kommen sollen. Zugleich treten diese Wertehaltungen in einen Wettstreit mit den Werten, die die Handlungen der Wettbewerber und anderer Akteure im Kräftefeld des Beispielunternehmens leiten. Dabei ist nicht zu erwarten, dass es nur die beiden Werteorientierung in Richtung auf Elektro- oder Verbrennungsmotor gibt, sondern allerlei Schattierungen dazwischen oder auch Orientierungen, die in die Richtung von Mobilitäts- und Lebenskonzeptionen weisen, die auf Automobile ganz verzichten mögen. Entsprechendes gilt darüber hinaus für die Angehörigen der betrachteten Unternehmen, die innerhalb ihrer jeweiligen Organisationen eine Vielzahl von unterschiedlichen Werten verkörpern, diese im Rahmen ihrer Möglichkeiten verfolgen· und dadurch die Organisation als Ganzes beeinflussen – und folglich geführt und entwickelt werden müssen.

Aufgabe der strategischen Unternehmensführung ist es, die gegebenen Wertehaltungen zu identifizieren und idealerweise für die eigenen Wertehaltungen zu werben – sowohl nach innen als auch nach außen. Um es nochmals zu verdeutlichen: Jede Führung ist immer auch eine werteorientierte Unternehmensführung. Sie muss immer die Werte berücksichtigen, die in ihrem Umfeld vertreten werden. Eine Organisationsentwicklung in komplexen und dynamischen Zusammenhängen, in denen die einzelnen Organisationsangehörigen über eine Vielzahl von Handlungsoptionen verfügen, ist unausweichlich mit einem pluralistischen Gefüge von Wertehaltungen konfrontiert. Je klarer daher die eigenen Wertehaltungen bekannt sind und auch kommuniziert werden, desto klarer ist auch die Orientierung, die die obere Führung vorgeben und vorleben kann.

7.5   Organisation, Umfeld und Individuum entwickeln

Bei der Organisationsentwicklung ist die Entfaltung der Organisation sowohl in ihrer Außenwelt als auch in ihrer Innenwelt ganz entscheidend. Eine zentrale Bedeutung kommt dabei den einzelnen Individuen zu. Letztendlich werden sowohl das gesellschaftliche Umfeld der Organisation als auch die betriebliche Innenwelt von Menschen

gebildet, und als Träger unterschiedlichster Wertehaltungen bringen diese Menschen pluralistische Vorstellungen in das organisationale und natürlich auch in das gesellschaftliche Miteinander ein. Als Chef einer Organisation steht man also unweigerlich einer
Pluralität von Wertehaltungen innerhalb und außerhalb seiner Organisation gegenüber. In
diesen Wertehaltungen zeigt sich die immense Diversität der Menschen, mit denen wir
unweigerlich zu tun haben. Das Verhältnis, in dem Individuum, Organisation und gesellschaftliches, wirtschaftliches und politisches Umfeld zueinander stehen, ist reflexiv:
Individuum, Organisationen und Umfeld beeinflussen und bedingen sich ständig gegenseitig in ihren Möglichkeiten.

Die Wertehaltungen der Individuen wirken auf die Organisation ein, und gleichzei-
tig wirken die Wertehaltungen der Organisation auf das Individuum ein. In demselben
Verhältnis der Wechselseitigkeit stehen auch Organisation und Gesellschaft oder Gesellschaft und Individuum zueinander. Unternehmen stehen damit nicht in einem luftleeren Raum. Und nicht nur das, sie sind darüber hinaus – um im Bild zu bleiben – ein
wesentlicher Bestandteil dessen, was den Raum bildet und füllt, und dies in reflexiver
Gemeinsamkeit mit Individuen, die je nach ihrer spezifischen Rolle sowohl als Teile der
Gesellschaft als auch als Teile der Organisation in Erscheinung treten.

Eine effektive Organisationsentwicklung muss demzufolge drei Perspektiven haben:
Erstens muss die Organisation als Ganzes, als eigenständige Entität identifiziert und
abgegrenzt werden. Die oberste Führungskraft einer Organisation muss also eine klare
Vorstellung davon entwickeln, was die Aufgabe und was der Sinn und Zweck der Organisation ist. Die zentrale Frage ist also das Selbstverständnis der Organisation und der
Leitungsebene, und bei der Definition dieses Selbstverständnisses spielt die Führungskraft natürlich eine prägende Rolle. Zweitens geht es, nach außen, darum, das Umfeld
der Organisation zu adressieren. Daher muss die Organisationsführung die Dynamiken
und Entwicklungen im jeweils relevanten Umfeld analysieren und die folgenden Fragen klären: In welchem Maße kann das Umfeld die Organisation beeinflussen? Und in
welchem Maße die Organisation das Umfeld? Drittens schließlich muss, nach innen, die
Belegschaft in den Blick genommen werden. Aufgabe des Chefs ist es, die Mitarbeiter zu entwickeln und sie so zu befähigen, dass sie im Sinne der Organisation wirksam
werden.

7.6   Wirkzusammenhänge mitbestimmen

Ich habe bislang zu zeigen versucht, dass eine wirksame und werteorientierte Organisationsentwicklung die Schnittstellen der Organisation nach außen und nach innen
beleuchten muss. Es geht darum, sowohl das äußere Kräftefeld, in das die Organisation
als Ganzes eingebunden ist, als auch das innere Kräftefeld, das die Organisation ihren
Angehörigen gegenüber darstellt, zu erkennen und zu beurteilen. Ein entscheidender
Punkt dabei ist: Die Mitarbeiter sind nicht nur Organisationsangehörige, sondern sie sind

zugleich auch Mitglieder des gesellschaftlichen Umfeldes, in dem die Organisation sich befindet. Und nicht zuletzt – ja, sogar ganz zentral – ist es von Bedeutung, dass die Organisationsleitung oder die Unternehmensführung erkennt, was ihre Organisation eigentlich ausmacht, was ihre Identität ist. Eine Identität, die sich sowohl in der Abgrenzung der Organisation nach außen bildet, also gegenüber dem Umfeld, auf das sie einwirkt, als auch nach innen, gegenüber den Mitarbeitern, auf die sie ebenfalls einwirkt – und umgekehrt. Das eigene Selbstverständnis der Organisation, das vor allem durch die Organisationsführung geprägt wird, ist dabei ein zentraler Bezugspunkt. Hier kristallisieren sich die Wertehaltungen, die man der Organisation zuschreiben kann, und daraus ergibt sich das, was – in seiner eigenen Zuschreibung – als Sinn und Zweck des Unternehmens verstanden werden kann.

In dieser vielschichtigen Sichtweise auf das Unternehmen zeigt sich das reflexive Verhältnis der Organisation zum gesellschaftlich-wirtschaftlichen wie auch zum innerbetrieblichen Umfeld. Dieses reflexive, wechselseitige Verhältnis ist konstitutiv für die Organisation: Eine Organisation kann ohne die Umwelt und ohne ihre Innenwelt nicht gedacht werden kann. Sie entsteht nachgerade erst aus der Verwobenheit mit diesen unterschiedlichen Welten. Doch wie spielen diese unterschiedlichen Aspekte als Ganzes zusammen? Und wie ist Organisationsentwicklung in diesen Zusammenhängen zu verstehen?

Themen für sich erkennen

Zunächst einmal ist jede Organisation eingebunden in gesamtgesellschaftliche Diskurse, in denen aktuelle und zukunftsweisende Themen verhandelt werden. Diese Zusammenhänge habe ich in Kap. 5 zum Societal Discourse schon ausführlicher erläutert. Da jede Organisation in diese Zusammenhänge fest involviert ist, greift sie bei ihren unternehmerischen Entscheidungen auch in diese Themen ein. Aus diesen Zusammenhängen kann sich eine Organisation nicht heraushalten. Selbst das Ignorieren einer Zeitströmung oder einer Debatte ist eine Reaktion darauf. An Themen wie dem demografischen Wandel, der Digitalisierung oder der Ressourceneffizienz, um nur einige zu nennen, kommt keine Organisation vorbei. Sie ist mehr oder weniger davon betroffen und muss sich deshalb auch zu ihnen verhalten. Das kann zum einen durch aktive Teilnahme an diesem Diskurs geschehen, etwa indem in bestimmten Medien die eigene Haltung und Meinung kommuniziert wird. Zum anderen erfolgt dies aber auch, oft unbewusst, darüber, dass relevante Themen in Maßnahmen oder Projekten innerhalb der Organisation umgesetzt werden. So sind beispielsweise nicht wenige der Diversity-Management-Konzeptionen, die Organisationen implementiert haben, aus demografischen Herausforderungen entstanden: Ging es oft zunächst nur darum, dem anstehenden Fachkräftemangel durch Qualifizierung sogenannter älterer Mitarbeitenden zu begegnen (Age Diversity), so hat sich in diesen Zugang oft auch das Thema Gender Diversity oder Culture Diversity entwickelt. Daraus wurden schließlich umfassende Diversitäts-Konzeptionen entwickelt, die neben einem elementaren wirtschaftlichen Kalkül nach und nach auch die notwendige ethische Perspektive – nämlich die der Gerechtigkeit zwischen unterschiedlichsten Menschen und Gruppen – berücksichtigten.

Nun müssen aber für die Entwicklung und Umsetzung eines professionellen Diversitätsmanagements die Organisationsangehörigen, die mit dieser Aufgabe betraut werden, entsprechende Fähigkeiten besitzen. Die Mitarbeitenden müssen also von der Organisation befähigt werden. Das bedeutet, dass die Organisation die dafür nötigen Umstände, die geeigneten Rahmenbedingungen bereitstellen muss, damit die Mitarbeitenden über das entsprechende individuelle Vermögen (im Sinne von persönlichen Potenzialen) verfügen oder dass durch Personalentwicklungsmaßnahmen der Aufbau dieses Vermögens gefördert wird (siehe Abb. 7.3).

In dem Moment, in dem eine Organisation den Aufbau eines Diversitätsmanagements startet, setzt die Organisation Impulse sowohl nach innen, für die Belegschaft, als auch nach außen, für ihr gesellschaftliches Umfeld. Durch die Art und Weise, wie sie ihre eigene Auseinandersetzung mit dem hier exemplarisch betrachteten Thema Diversität vermittelt, nimmt sie Teil am gesamtgesellschaftlichen Societal Discourse. Auch wenn dies nur kleine Impulse sein mögen – die je nach Unternehmensgröße und Bedeutsamkeit des Unternehmens in der Öffentlichkeit sehr unterschiedlich wirken können – sind sie doch wichtige Puzzleteile, die die allgemeine Auseinandersetzung des aufgegriffenen Themas anregen. Die Art und Weise, wie sich eine Organisation mit gesellschaftsrelevanten Themen befasst, ist eine Form der Wertesetzung und Orientierung. Und das gilt für uns alle: Wenn wir aktuelle Themen aufgreifen und in der spezifischen Art und Weise unserer Organisation umsetzen, bestimmen wir den Societal Discourse mit, und zwar im Rahmen unserer jeweiligen institutionellen Möglichkeiten.

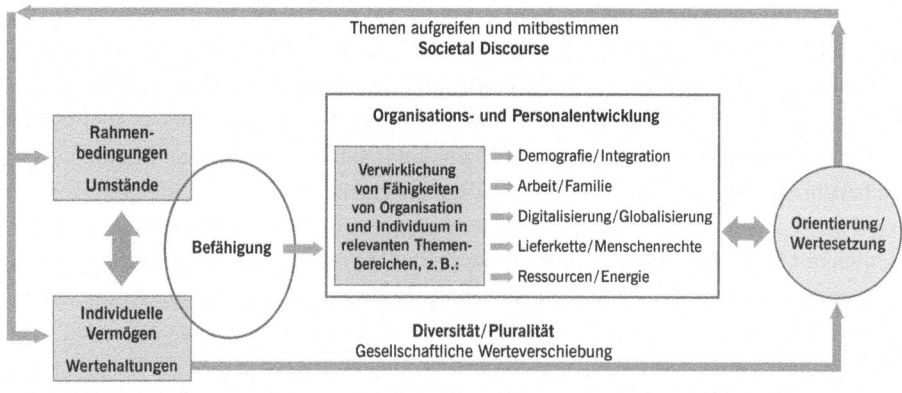

© IWU Berlin

Abb. 7.3 Reflexive Organisationsentwicklung in komplexen Umwelten

Umstände aktualisieren

Indem wir dadurch den gesamtgesellschaftlichen Diskurs mitbestimmen, aktualisieren wir wiederum die Umstände, in denen die aufgegriffenen Themen – und mithin die Organisation als Ganzes – weiterentwickelt werden müssen. Doch die Reflexivität dieses Prozesses wirkt nicht nur auf die Umstände, sie wirkt auch auf die individuellen Wertehaltungen unserer Mitarbeiter. Darüber hinaus wirken die Maßnahmen einer Organisation zumindest mittelbar auf die Wertehaltungen der Menschen in der Gesellschaft insgesamt. Denn je nach Bedeutsamkeit und Wirkungskreis der betreffenden Organisation werden sie von den Wertesetzungen und Impulsen unserer Organisation erreicht und können sie kritisch reflektieren und sich mit ihnen auseinandersetzen. Dadurch verschieben sich beständig die Wertevorstellungen in der Organisation wie auch in der gesamten Gesellschaft. Die unterschiedlichen Vorstellungen und Meinungen zu bestimmten, aktuell diskutierten Themen bilden Wertehaltungen ab und sind Ausdruck sowie Grundlage der Diversität und Pluralität, die wir sowohl in der Gesellschaft als auch in den Organisationen vorfinden. In ihrer gegenseitigen Reibung treiben die unterschiedlichen Vorstellungen, Meinungen und Wertehaltungen den gesellschaftlichen Diskurs voran, und aus diesem ergeben sich wieder neue Themen, auf die die Organisationsentwicklung reagieren muss. Es handelt sich um einen endlosen, reflexiven Prozess, an dem sowohl die Organisation als auch das gesellschaftliche sowie wirtschaftliche Umfeld der Organisation und auch die Individuen teilhaben. Alle Akteure sind von diesem Prozess abhängig und bestimmen ihn zugleich mit. Diese unabänderliche Abhängigkeit und Mitbestimmung machen es in der Diskussion um Unternehmensverantwortung notwendig, die Reichweite und die Grenze der unternehmerischen Verantwortung immer wieder aufs Neue zu bestimmen.

Zusammenfassung: Neue Entwicklungsperspektiven durch werteorientierte Führung

8

Eine moderne, zukunftsweisende Unternehmensführung ist in erster Linie Organisationsentwicklung. Eine so verstandene Führung betrachte ich im vorliegenden Buch unter der Perspektive der Verantwortung. Verantwortung verstehe ich dabei als einen umfassenden, diskursiven Begriff. Es ist also nicht ein für alle Mal klar definiert und festgesetzt, wie eine Corporate Responsibility ausgeprägt ist oder sein sollte: Sie ist kontextabhängig und ergibt sich aus einem komplexen gesellschaftlichen Diskurszusammenhang. Da dieser Diskurs stark wertebasiert ist, habe ich den Begriff der Verantwortung sowie die Organisationsführung und -entwicklung insbesondere in eine Beziehung zu Wertehaltungen oder Werteorientierungen gesetzt.

8.1 Werteorientierte Führung und Verantwortungsdiskurs

Alle Unternehmensführung und alle Unternehmensentwicklung sind werteorientiert. Das liegt daran, dass die Menschen, die die Organisation entwickeln, Träger von Werten sind, die ihr Handeln orientieren. Dies mag eine mehr oder weniger unbewusste Tatsache sein, aber sie ist nicht abzustreiten und mithin konstitutiv für ein soziales System, wie es eine Organisation ist – sei es ein wirtschaftliches Unternehmen, eine öffentliche Einrichtung, ein Verband, ein Verein oder eine Stiftung. Und auch Werte sind nicht transzendent abstrakte und von Menschen losgelöste, eigenständige Größen, sondern Werte sind recht konkrete Maßgaben, die uns im wahrsten Sinne des Wortes „etwas wert sind". Sie können aus Reflexionen und Erfahrungen entspringen und sind, da wir als Menschen körperliche Wesen sind, durchaus auch von unseren grundlegenden Gefühlslagen und unseren charakterlichen Dispositionen beeinflusst. Es geht also nicht um kurzfristige, schwankende Emotionen, wie etwa die Freude über ein gelungenes Geschäft oder den Ärger über entgangene Gewinne. Vielmehr sind solche Gefühlslagen sehr grundlegende und zeitbeständige Dispositionen, die beispielsweise ein unterschwelliges Gefühl von Angst, Neid, Schuld, Selbstüberschätzung, Unvollkommenheit oder auch Wohlwollen ausdrücken, um nur einige zu nennen. Solche grundlegenden Gefühls- und Charakterdispositionen fließen ebenso wie unsere bisherigen Erfahrungen, unsere rationalen Erkenntnisse und Überlegungen – und nicht zuletzt unsere Sozialisierung innerhalb eines uns vorgegebenen Wertehorizonts, in den wir hineingeboren und hineinerzogen wurden – in das ein, was wir als wertvoll erachten und dem wir einen Wert beimessen, einen Wert, an dem wir uns und unser Handeln orientieren. Das gilt freilich nicht nur für uns selbst, sondern für jeden anderen auch. Und da die Werte der Menschen in einem Unternehmen oder einer sonstigen Organisation nicht von Individuum zu Individuum identisch sind, sondern je nach individuellem Diversitätsprofil sehr unterschiedlich sein können, findet sich in einer Organisation und in ihrem Umfeld ein buntes Mosaik von Werten.

In dieser Vielfalt von bisweilen unterschiedlichsten Wertehaltungen ist es unsere Aufgabe als oberste Führungskräfte, unsere Organisation zu entwickeln. Und das bedeutet, dass wir in dem Kräftefeld, das durch diese vielfältigen Wertehaltungen aufgespannt ist, unsere Organisation so führen, dass die eigenen Wertehaltungen und Vorstellungen bestmöglich umgesetzt werden können. Dabei muss uns stets bewusst sein, dass eine hundertprozentige Umsetzung unserer Vorstellungen nicht einmal näherungsweise erreicht werden kann (wie dies manche Idealisten oder „Wahrheitsbesitzer" manchmal gerne möchten). Im Spiel der Kräfte wollen nicht nur wir unsere Werte verfolgen, sondern alle anderen Beteiligten versuchen dies ebenso. Dabei werden uns einige Akteure in unseren Bemühungen unterstützen, andere uns hingegen gewaltig in die Quere kommen. Wenn wir daher also einige wenige wirksame Impulse in die Entwicklungsprozesse, in die wir eingebunden sind, geben können, ist schon sehr viel gewonnen. In dieser Dynamik des Kräftefeldes, das wir mit allen anderen Akteuren unseres Kräftefelds selbst hervorbringen, müssen wir unsere Organisation (und unser Umfeld) führen, entwickeln – und nicht zuletzt: verantworten.

Der Entwicklungsprozess, in dem sich unsere Organisation befindet, ist in letzter Konsequenz ein *Verantwortungsprozess*. Verantwortung verstehe ich dabei als ein gegenseitiges Fragen und *Ver*-Antworten. Verantwortung ist also keine lineare Verantwortlichkeit, etwa im Sinne der üblichen Stakeholder-Diskurse, zu denen Unternehmen gerne laden, sondern Verantwortung ist ein wechselseitiger, reflexiver Verantwortungsdiskurs: der Societal Discourse. Dieser Diskurs spiegelt die Themen und die Haltungen zu Themen wider, die zu einer gegebenen Zeit auf der gesamtgesellschaftlichen Agenda stehen. Und damit stehen diese Themen in unterschiedlicher Gewichtung notwendigerweise auch auf der Agenda derjenigen Organisationen, die es in diesem Diskurs zu entwickeln gilt. Denn im Kontext dieser Themen – wie beispielsweise erneuerbare Energien, demografischer Wandel, Diversität und Pluralität, Globalität und Regionalität oder ganz zentral die aktuell heftig geführte Diskussion um Flüchtlingsströme und Menschenrechte – agiert unsere Organisation.

Der Diskurs ist die Hintergrundfolie, vor dem die Organisation entwickelt wird, und er ist zugleich die Messlatte, an der das Unternehmen taxiert wird. Allerdings besteht hier das nicht zu unterschätzende Problem, dass in diesen Kategorien die übliche Vorstellung von Messbarkeit versagt. Für eine richtige Bewertung bedarf es einer vernünftig argumentierenden Urteilskraft, und diese Urteilskraft wiederum muss Bezug nehmen auf aktuelle wie kommende, brisante Themen, die im Diskurs verhandelt werden. Die große Pluralität an Werten nun, aus denen sehr verschiedene Haltungen zu diesen Themen resultieren, führt dazu, dass ein allgemeiner Konsens unmöglich ist: Immer wird es unterschiedliche Einschätzungen und Streit darüber geben, welche Themen die bedeutsamen sind und wie mit ihnen richtig umzugehen ist. Somit liegt es in der eigenen Verantwortung einer Organisation, wie sie sich zu bestimmten Themen verhält. Und um das leisten zu können, muss die Führungsebene imstande sein, die Reichweite und die Grenzen der Verantwortung ihrer Organisation zu benennen.

8.2   Reflexive Verantwortlichkeit, Befähigung und Dynamik

Das Modell der Kernverantwortung trägt diesen Gedanken Rechnung. Dieses Modell greift die Aspekte des Kerngeschäftes und der Kernverantwortung auf, die in vielen anderen Modellen und Konzeptionen herangezogen wurden. Das, was ein Unternehmen tut, insbesondere seine Wertschöpfungskette, ist eng mit seiner Verantwortung verbunden: Ein Chemieunternehmen ist im Kern für andere Dinge verantwortlich als etwa eine Handelskette. So weit ist diese Sichtweise sicher üblich und wenig überraschend. Doch das Modell der Kernverantwortung geht einen Schritt weiter. Es berücksichtigt insbesondere auch die Kernwerte des Unternehmens, also die Maßgaben, die für die Organisation handlungsleitend sind. Man kann also formulieren: Die Kernwerte bringen die Art und Weise zum Ausdruck, wie das Kerngeschäft umgesetzt wird, und sie stehen in engem Zusammenhang mit der Unternehmenskultur. Insbesondere die Kernwerte bringen die Individualität der Organisation zum Ausdruck. Sie sind die am stärksten subjektiven Maßgaben für die Reichweite und die Grenzen der Verantwortung unserer Organisation.

Gleichwohl ist die Grenze der Verantwortung keine abschließend subjektive Sache der Organisationsführung oder Unternehmensleitung. Denn es reicht nicht aus, auf Basis der von der Unternehmensleitung vertretenen Werte die Grenze der Verantwortung in einem beliebigen Sinne eng zu fassen – womöglich so, dass man am Ende für nichts mehr verantwortlich ist! Die Bestimmung dieser Grenze ist deswegen nicht beliebig, weil jede Organisation eingebunden ist in den Verantwortungsdiskurs, den ich als Societal Discourse definiert habe. In diesem gegenseitigen, durchaus anonymen Frage- und Antwort-Zusammenhang muss die selbst definierte Grenze der Verantwortung behauptet – und das heißt: legitimiert – werden. Dieser gesamtgesellschaftliche Diskurs ist somit das Korrektiv für eine allzu subjektive, am Eigeninteresse orientierte Grenzziehung der Verantwortung.

Dennoch kommt es zu keiner Gleichmacherei. Denn die eigene Haltung findet immer auch Eingang in den größeren Diskurszusammenhang: Allenfalls Extrempositionen werden als nicht valide herausgefiltert. Daher tut ein Unternehmen gut daran, sich mit den Grenzen seiner Verantwortung zu befassen – und damit unweigerlich auch die Reichweite und das Ausmaß seiner Verantwortung zu erkennen.

Jenseits von Audits, Ethik-Checks oder Ratings kann ein Unternehmen wirtschaftlich und gesellschaftlich wirksam geführt werden, wenn es sich in aufgeklärt kritischer Weise seine Verantwortung bewusst macht, eine Verantwortung, die aus der Reflexivität der Organisation mit der Umwelt, in der sie eingebunden ist, entsteht. Und wer sich darüber hinaus gerne von Experten die ethischen Gütesiegel der eigenen Unternehmensführung und Organisationsentwicklung im Audit verleihen lassen möchte, ist dann dafür umso besser aufgestellt. In diesem Sinne betrachte ich Organisationsentwicklung von einem Standpunkt aus, bei dem die Reichweite und die Grenze der Verantwortung im Wertehorizont des gesellschaftlichen Umfelds und des Societal Discourse eine zentrale Rolle spielen.

Um sich in diesem dynamischen Kräftefeld behaupten zu können, müssen sowohl die Organisation als auch ihre Angehörigen über besondere Befähigungen verfügen. Organisation und Individuum müssen in der Lage sein, die wertebasierten Diskussionen und Themen des Societal Discourse in die Organisation zu integrieren (siehe Abb. 8.1). Relevante Themen müssen aufgegriffen und in Maßnahmen oder Programme überführt werden, wie dies oft etwa in Programmen zum Diversitätsmanagement, zum nachhaltigen Umgang mit Ressourcen oder zur Transparenz der Lieferkette schon der Fall ist. Diese Programme setzen voraus, dass sowohl die Strukturen der Organisation als auch die spezifischen Vermögen und Kompetenzen der einzelnen Personen so beschaffen sind, dass

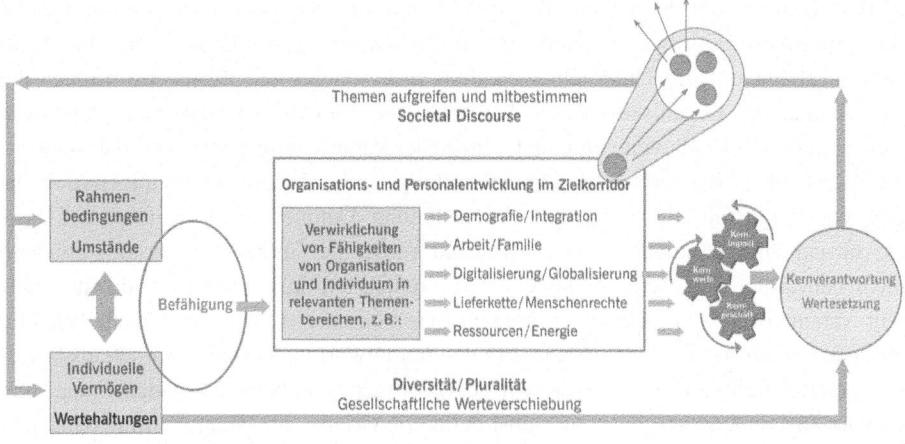

Abb. 8.1 Neue Perspektiven der Organisationsentwicklung

sie die relevanten Themen des Verantwortungsdiskurses in einer eigenen Lesart verstehen und in eine Balance mit dem gesellschaftlichen Umfeld bringen können.

Ohne diese notwendige Befähigung, die allgemeinen und bisweilen abstrakt diskutierten Themen in kohärenten und wirksamen Strukturen der Organisation abzubilden, kann eine Organisation zwar verbal am Societal Discourse teilnehmen. Sie kann aber nicht aktiv handelnd und verantwortungsvoll ihren wirksamen Beitrag als Organisation in einem bestimmten Umfeld leisten. Mag sie sich auch durch noch so treffende Äußerungen in den Diskurs einbringen, sie wird letztendlich nicht als verantwortungsvolle Organisation wahrgenommen werden. Erst wenn konkrete Maßnahmen und Programme realisiert werden, in denen die im Verantwortungsdiskurs verhandelten Themen aufgegriffen und umgesetzt werden, findet ein Übergang von einer rein verbal-kommunikativen (eventuell oft sogar passiven) Diskursteilnahme zu einer faktisch-aktivierenden Diskursteilnahme und Organisationsentwicklung statt. Man könnte auch formulieren: Aus (schönen) Worten werden (gute) Taten.

Für eine strategische, wirksame Organisationsentwicklung und Unternehmensführung reicht es letzten Endes noch nicht aus, einmalig verantwortungsrelevante Programme und Maßnahmen zu implementieren, auch wenn es durchaus eine wichtige Voraussetzung ist. Denn zum einen erfordert es die innere Dynamik der Organisation, einmal gestartete Aktivitäten ständig weiterzuentwickeln – zumindest so lange, wie die dahinterstehenden Themen weiterhin im gesellschaftlichen Diskurs verhandelt werden. Und zum anderen ist die Organisation auch nach außen einer starken Dynamik und Veränderung ausgesetzt. Dass ein einmal gesetztes Ziel auch auf lange Frist gültig bleibt, ist sehr unwahrscheinlich.

Das Paradox der Führung besteht darin, dass eine Organisation mit Blick auf eine unbestimmte Zukunft geführt werden muss, sie sich aber wegen der dynamischen und komplexen Zusammenhänge, in denen sie sich befindet, einer Führung entzieht. Daher ist es nachgerade unumgänglich, dass die Organisation beständig weiterentwickelt wird. Die Idee und das Instrument des Zielkorridors helfen an dieser Stelle dabei, das Unternehmen professionell in die Zukunft zu führen. Denn die Idee des Zielkorridors versucht, die Unberechenbarkeit der Zukunft aufzufangen: Der Zielkorridor ist ein geeignetes Instrument, um die Organisation analytisch-strategisch in die Zukunft zu entwickeln. Dabei berücksichtigt er einerseits die faktischen Möglichkeiten und Restriktionen, die sich aus einer momentanen Situation mit Blick auf die Zukunft ableiten lassen, und andererseits orientiert er sich an Idealvorstellungen, mit denen – wie könnte es anders sein! – auch wieder Werte verbunden sind. Kurz: Im Zielkorridor wird das Wünschenswerte mit dem Realistischen verbunden. Dadurch kann eine entsprechend befähigte Organisation mit entsprechend befähigten Individuen in dem Kräftefeld, in dem sie sich befindet, werteorientiert geführt und wirksam strategisch entwickelt werden.

8.3   Reichweite und Grenzen der Verantwortung und wirtschaftlicher Erfolg

Unternehmen ebenso wie alle anderen Organisationen bestehen nicht für sich allein. Sie sind eingebunden in Verantwortungszusammenhänge, in denen sie ihr wirtschaftliches und organisationales Überleben sichern müssen. Der von mir hier vorgestellte Ansatz der Organisationsentwicklung und Führung unterscheidet sich in einem wesentlichen Punkt von anderen entsprechenden Konzepten: Er geht von Überlegungen zur Verantwortung aus, für die grundlegende Themen und Werte, wie sie in gesellschaftlichen Zusammenhängen verhandelt werden, maßgebend sind. Dennoch darf bei Diskussionen über Werte und Verantwortung – die in den meisten Fällen eine gesellschaftliche Konnotation haben – die Frage nach dem wirtschaftlichen Erfolg, insbesondere für Unternehmen, nicht außen vor bleiben. Dass ich das voraussetze, möchte ich an dieser Stelle betonen. Schließlich richtet sich dieses Buch insbesondere an Manager und Entscheider von wirtschaftlich motivierten Organisationen, also Unternehmen – wenngleich die dargelegten Zusammenhänge ebenfalls für alle anderen Organisationen gelten.

Dennoch lege ich mein Augenmerk auf die im engeren Sinne außerökonomischen Zusammenhänge, die bislang in der Unternehmensführung zu sehr vernachlässigt wurden. Gleichwohl ist die wirtschaftliche Dimension immer mitgedacht.

Alles Wirtschaften ist immer auch eingebunden in gesellschaftliche und außerökonomische Zusammenhänge, und somit spielen diese scheinbar nicht-ökonomischen Aspekte eine zentrale Rolle bei der strategischen Organisationsentwicklung. Sie sind nämlich die tatsächlichen Hardfacts der strategischen Unternehmensführung und Organisationsentwicklung, auch wenn im Mainstream die Vorstellung vorherrscht, Aspekte wie Werte und Verantwortung seien „nur" die Softfacts. Nein, sie sind in ihrer Bedeutsamkeit für die Organisationsentwicklung die härtesten Faktoren überhaupt, da sie sowohl das Fundament als auch die Umwelt bilden, auf der und in der eine Organisation ihren Auftrag – sei er nun im engeren Sinne wirtschaftlicher oder öffentlich-rechtlicher Natur – erfüllen muss.

Mit den Überlegungen zur Verantwortung, zu Werten und zu den Themen, die im gesellschaftlichen Diskurs verhandelt werden, setzt man im strategischen Management schon vor betriebswirtschaftlichen Optimierungsmaßnahmen an. Dadurch schafft man die Voraussetzung dafür, dass die betriebswirtschaftlichen und fachspezifischen Experten überhaupt erst ihr gelerntes Handwerk, in der Regel „Optimierungshandwerk", ausüben können.

Die Erörterungen in diesem Buch widersprechen also ein keinem Fall einem auch wirtschaftlichen und unternehmerischen Erfolgsstreben. Im Gegenteil, sie stützen es. Gleichwohl zeigen meine Überlegungen auf, dass eine Organisation mit wirtschaftlichem Effizienzstreben, ja nicht einmal mit wirtschaftlichem Effektivitätsdenken alleine zukunftsfähig entwickelt werden kann. Denn Erfolg ist keine rein ökonomische Größe. Er hängt eng mit unseren Werten zusammen, und diese haben nur in einem gewissen, individuellen Maß eine wirtschaftliche Dimension.

Es steht außer Frage, dass jede Organisation nicht nur in gesamtgesellschaftlichen Zusammenhängen steht, sondern ebenso eine gesamtgesellschaftliche Verantwortung trägt. Diese Verantwortung, die gerade Unternehmen zu Recht zugeschrieben wird und die aktuell unter den gehypten Schlagworten Corporate (Social) Responsibility Schlagzeilen macht, kann nur dann einen belastbaren Boden finden und nicht in überbordende Ansprüche an Unternehmen münden, wenn auch deutlich über die Grenzen dieser Verantwortung gesprochen wird.

Diese Grenzen der Verantwortung ergeben sich aber gerade nicht aus einer betriebswirtschaftlichen Logik. Sie können allein mit Blick auf den gesellschaftlichen Verantwortungsdiskurs bestimmt werden. Moderne, pluralistische Gesellschaften wie die unsere zeigen eine große Vielfalt an Werten, und daher hat die Grenzziehung der Verantwortung neben relativ objektiven Kriterien immer auch eine in hohem Maße subjektive Komponente. In der wechselseitigen Reibung, in der Auseinandersetzung zwischen der Vorstellung, die ich selbst von der eigenen Verantwortung habe, mit den Vorstellungen der Verantwortung, die andere meiner Organisation zuschreiben, kommt es zu einer dynamischen Balance, aus der sich in positiver Hinsicht die Reichweite unserer organisationalen Verantwortung ergibt. Und diese Verantwortung ist dann sowohl gesellschaftlich als auch wirtschaftlich bestimmt und frei von Beliebigkeit. Eine an diesem Bewusstsein orientierte, werteorientierte Führung ist der Boden für die Entwicklung und Führung von zukunftsfähigen und auch wirtschaftlich erfolgreichen Organisationen.

Weiterführende Literatur

Baecker, D. (2005). Schlüsselwerke der Systemtheorie. Wiesbaden: VS Verlag für Sozialwissenschaften.

Bayertz, K. (1995). Eine kurze Geschichte der Herkunft der Verantwortung. In K. Bayertz, Verantwortung. Prinzip oder Problem? (S. 3–71). Darmstadt: Gabler.

Berger, P., & Luckmann, T. (2013). Die gesellschaftliche Konstruktion der Wirklichkeit. Eine Theorie der Wissenssoziologie, 2. Aufl. Frankfurt am Main: S. Fischer Verlag.

Beschorner, T. (2013). Kulturalistische Wirtschaftsethik. Grundzüge einer Theorie der Anwendung. Zeitschrift für Wirtschafts- und Unternehmensethik 14., S. 346–372.

Beschorner, T. (2015). Kulturalistische und Integrative Wirtschaftsethik. Zur Notwendigkeit einer Theorie der Anwendung. In T. Beschorner, P. Ulrich, & Wettstein, Florian, St. Galler Wirtschaftsethik. Programmatik, Positionen, Programme. (S. 69–106). Marburg: Metropolis Verlag.

Beschorner, T., & Schmidt, M. (2006). Unternehmerische Verantwortung in Zeiten kulturellen Wandels. München und Mering: Rainer Hampp Verlag.

Beschorner, T., Ulrich, P., & Wettstein, F. (2015). St. Galler Wirtschaftsethik. Programmatik, Positionen, Perspektiven. Marburg: metropolis.

Bleicher, K. (2004). Das Konzept integriertes Management, 7. Aufl. Frankfurt am Main: Campus.

Bombassaro, L. (2002). Was ist Unternehmensethik? Eine philosophische Annäherung. In M. König, & M. Schmidt, Unternehmensethik konkret. Gesellschaftliche Verantwortung ernst gemeint. (S. 13–30). Wiesbaden: Gabler.

Bührmann, A. D., & Schmidt, M. (2014). Entwicklung eines reflexiven Befähigungsansatzes für mehr Gerechtigkeit in modernen, ausdifferenzierten Gesellschaften. Was macht ein gutes Leben aus? Der Capability Approach im Fortschrittsforum. S. 37–46.

Bührmann, A. D., & Schneider, W. (2013). Vom Diskurs zum Dispositiv. Einführung in die Dispositivanalyse, 2. aktualisierte Auflage. Bielefeld.

Bührmann, A. D., Horwitz, M., v. Schlippenbach, S., & Stein-Bergmann, D. (2012). Management ohne Grenzen. Grenzüberschreitendes Zusammenarbeiten erfolgreich gestalten. Wiesbaden: Springer Gabler.

Foucault, M. (2005). Analytik der Macht. Frankfurt am Main: suhrkamp taschenbuch wissenschaft.

Foucault, M. (2012). Die Ordnung des Diskurses. 12. Aufl. Frankfurt am Main: Fischer.

Frevert, U. (2013). Vertrauensfragen. Eine Obsession der Moderne. München: C.H. Beck.

Giddens, A. (1997). Die Konstitution der Gesellschaft. 3. Aufl. Frankfurt am Main/New York: Campus.

Giddens, A. (2012). Entfesselte Welt. Wie die Globalisierung unser Leben verändert, 4. Aufl. Frankfurt am Main: edition suhrkamp.

© Springer Fachmedien Wiesbaden 2016
M. Schmidt, *Reichweite und Grenzen unternehmerischer Verantwortung*,
DOI 10.1007/978-3-658-13638-3

Gloy, K. (1998). Wurzeln und Applikationsbereiche der Systemtheorie. Kritische Fragen. In K. Gloy, W. Neuser, & P. Reisinger, Systemtheorie. Philosophische Betrachtungen ihrer Anwendungen. (S. 5–14). Bonn: Bouvier Verlag.

Göbel, E. (2013). Unternehmensethik. Grundlagen und praktische Umsetzung. Konstanz und München: UTB.

Hardtke, A., & Kleinfeld, A. (2010). Gesellschaftliche Verantwortung von Unternehmen. Von der Idee der Corporate Responsibility zur erfolgreichen Umsetzung. Wiesbaden: Gabler.

Heidbrink, L. (2007). Handeln in der Ungewissheit. Paradoxien der Verantwortung. Berlin: Kulturverlag Kadmos Berlin.

Hemel, U. (2005). Wert und Werte. Ethik für Manager – Ein Leitfaden für die Praxis. München und Wien: Hanser.

Homann, K. (1992). Wirtschafts- und Unternehmensethik. Göttingen: Vandenhoeck.

Jonas, H. (1984). Das Prinzip Verantwortung. Versuch einer Ethik für die technologische Zivilisation. Frankfurt am Main: suhrkamp taschenbuch.

Jullien, F. (1999). Über die Wirksamkeit. Berlin: Merve.

Jullien, F. (2001). Der Weise hängt an keiner Idee. Das Andere der Philosophie. Berlin: Wilhelm Fink Verlag.

Jullien, F. (2006). Vortrag vor Managern über die Wirksamkeit und Effizienz in China und im Westen. Berlin: Merve.

Kokot, F., & Schmidt, M. (2005). Effektive Unternehmensethik ist werteorientierte Unternehmensführung. In F. Kokot, & M. Schmidt, Werte schaffen Zukunftsfähigkeit (S. 11–25). München/Mering: Rainer Hampp Verlag.

König, M., & Schmidt, M. (2002). Unternehmensethik konkret. Gesellschaftliche Verantwortung ernst gemeint. Wiesbaden: Gabler.

Liessmann, K. P. (2012). Lob der Grenze. Kritik der politischen Unterscheidungskraft. Wien: ZSOLNAY.

Luhmann, N. (1987). Soziale Systeme. Grundriß einer allgemeinen Theorie. Frankfurt am Main: Suhrkamp.

Luhmann, N. (1988). Die Wirtschaft der Gesellschaft. Frankfurt am Main: Suhrkamp.

Maak, T., & Ulrich, P. (2007). Integre Unternehmensführung. Ethisches Orientierungswissen für die Wirtschaftspraxis. Stuttgart: Schäffer-Poeschel.

Malik, F. (2014). Führen, Leisten, Leben. Wirksames Management für eine neue Zeit. Frankfurt am Main/New York: Campus.

Maturana, H. (2013). Fundamental Relativity: Reflections on Cognition and Reality. Berlin/München: Deutscher Kunstverlag.

Maturana, H. R., & Varela, F. (1984). Der Baum der Erkenntnis. Bern/München: Goldmann Verlag.

Maturana, H. R., & Verden-Zöller, G. (2005). Liebe und Spiel. Die vergessenen Grundlagen des Menschseins. 4. Aufl. Heidelberg: Carl-Auer.

Mintzberg, H., Ahlstand, B., & Lampel, J. (2012). Strategy Safari. Der Wegweiser durch den Dschungel des Strategischen Managements. München: FinanzBuch Verlag.

Neuser, W. (1998). Zur Logik der Selbstorganisation. In K. Gloy, W. Neuser, & P. Reisinger, Systemtheorie. Philosophische Betrachtungen ihrer Anwendungen. (S. 15–34). Bonn: Bouvier Verlag.

Nussbaum, M. C. (2010). Die Grenzen der Gerechtigkeit. Behinderung, Nationalität und Spezieszugehörigkeit. Berlin: Suhrkamp.

Petersen, T. (2005). Werteorientierte Unternehmensführung. Zwischen Preis und Würde. In M. Schmidt, & T. Beschorner, Werte- und Reputationsmanagement (S. 131–148). München und Mering: Rainer Hampp Verlag.

Petersen, T. (2006). Unternehmensethik und Verantwortung. In T. Beschorner, & M. Schmidt, Unternehmerische Verantwortung in Zeiten kulturellen Wandels. (S. 73–90). München und Mering: Rainer Hampp Verlag.

Petersen, T. (2011). Führung, Macht, Ethik. In M. Schmidt, C. Schank, & K. Vorbohle, Führung und Verantwortung. (S. 17–32). München und Merling.: Rainer Hampp Verlag.

Pieper, A. (6. Aufl. 2007). Einführung in die Ethik. Tübingen und Basel: UTB Wissenschaft.

Rüegg-Sturm, J. (2003). Das neue St. Galler Management-Modell. Bern: Haupt.

Rusch, G., & Schmidt, S. J. (1995). Konstruktivismus und Ethik. Frankfurt am Main: Suhrkamp.

Sandel, M. J. (2013). Gerechtigkeit. Wie wir das Richtige tun. 2. Aufl. Berlin: Ullstein Verlag.

Schmidt, M. (2000). Selbstorganisation – System – Ethik. Eine Operationalisierung der Methode der Selbstorganisation und Implikationen für eine Ethik. Kaiserslautern: TU Kaiserslautern.

Schmidt, M. (2009). Eine zielgerichtete Balance. Ethische und wirtschaftlich nützliche Elemente eines Diversity Managements. In M. Schmidt, T. Beschorner, C. Schank, & K. Vorbohle, Diversität und Gerechtigkeit (S. 59–67). München/Mering: Rainer Hampp Verlag.

Schmidt, M. (2011). Zur Unmöglichkeit der Führung. In M. Schmidt, C. Schank, & K. Vorbohle, Führung und Verantwortung (S. 105–110). München/Mering: Rainer Hampp Verlag.

Schmidt, M. (2015). Die Konstruktion von Innovation und Verantwortung – CSR als Gegenstand und Bezugsgröße von Innovationen. In M. Schmidt, & M. Tomenendal, Innovation, Identität, Verantwortung – Made in Berlin! (S. 7–12). München/Merlin: Rainer Hampp Verlag.

Schmidt, M., & Beschorner, T. (2008). Corporate Social Responsibility und Corporate Citizenship. 2. Aufl. München/Mering: Rainer Hampp Verlag.

Schmidt, M., & Schlepp, S. (2015). Schulentwicklung als komplexe Führungsaufgabe im Zielkorridor. Schulleitung und Schulentwicklung, Nr. 75.

Schmidt, M., & Tomenendal, M. (2015). Innovation, Identität, Verantwortung – Made in Berlin! München/Mering: Rainer Hampp Verlag.

Schmidt, S. J. (2004). Unternehmenskultur. Die Grundlage für den wirtschaftlichen Erfolg von Unternehmen. Weilerswist: Velbrück Wissenschaft.

Schmidt, S. J. (2012). Lehren aus der Kontingenz. Berlin: Lit Verlag Dr. Hopf.

Schmidt, S. J. (2014). Kulturbeschreibung: Beschreibungskultur. Weilerswist: Velbrück Wissenschaft.

Schütz, M. (1999). Werte – Risiko – Verantwortung. München: Gerling-Akademie-Verlag.

Sedmak, C., Babic, B., Bauer, R., & Posch, C. (2011). Der Capability-Approach in sozialwissenschaftlichen Kontexten. Überlegungen zur Anschlussfähigkeit eines entwicklungspolitischen Konzepts. Wiesbaden: VS Verlag für Sozialwissenschaften.

Sen, A. (1999). Ökonomie für den Menschen. Wege zu Gerechtigkeit und Solidarität in der Marktwirtschaft. München/Wien: Carl Hanser Verlag.

Steinmann, H., & Schreyögg, G. (2005). Management. Grundlagen der Unternehmensführung. Wiesbaden: Gabler.

Taleb, N. N. (2012). Der schwarze Schwan. München: dtv.

Taylor, C. (2009). Ein säkulares Zeitalter. Frankfurt am Main: Suhrkamp.

Tugendhat, E. (1994). Vorlesungen über Ethik. Frankfurt am Main: suhrkamp taschenbuch wissenschaft.

Türcke, C. (2015). Mehr! Die Philosophie des Geldes. München: C.H. Beck.

Ulrich, P. (2001). Integrative Unternehmensethik. Bern: Haupt.

Vogelsang, G., & Burger, C. (2004). Werte schaffen Wert. Warum wir glaubwürdige Manager brauchen. München: Econ.

Volkert, J. (2005). Armut und Reichtum an Verwirklichungschancen. Amartya Sens Capability-Konzept als Grundlage der Armuts- und Reichtumsberichterstattung. Wiesbaden: VS Verlag für Sozialwissenschaften.

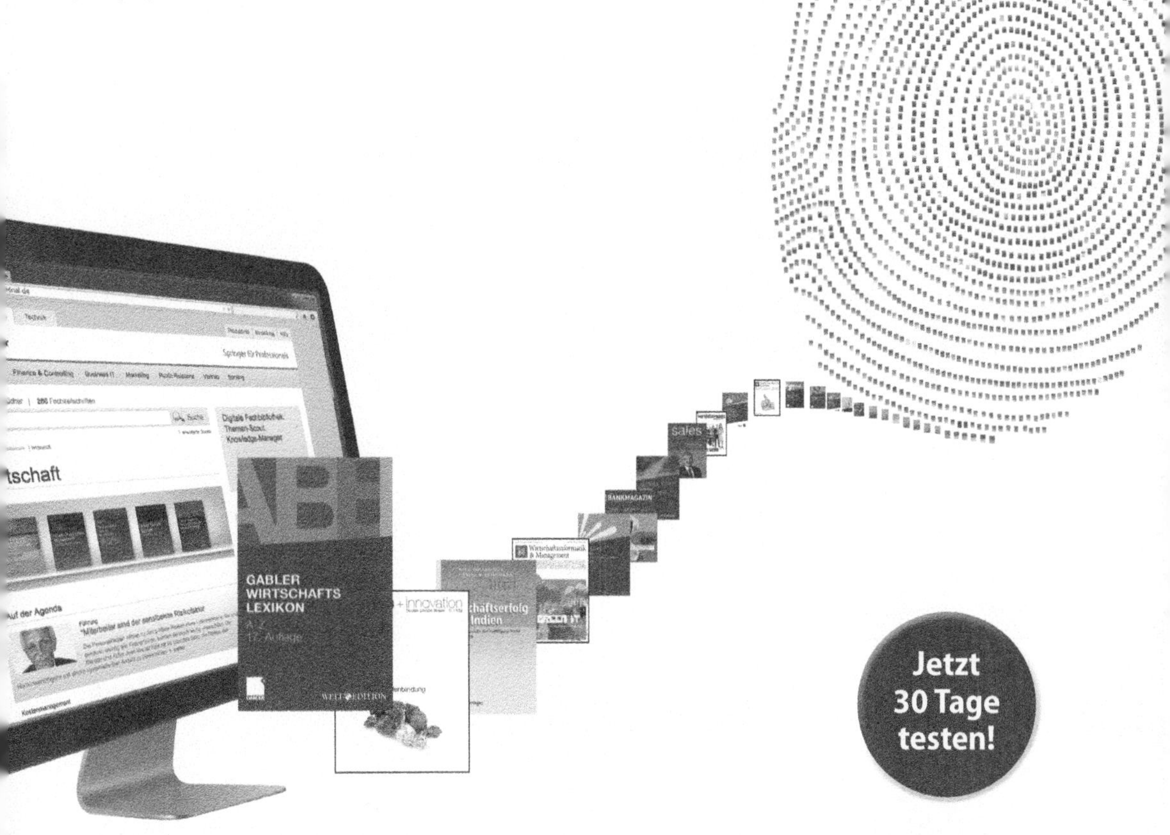

The manufacturer's authorised representative in the EU is Springer
Nature Customer Service Centre GmbH, Europaplatz 3, 69115 Heidelberg,
Germany. If you have any concerns regarding our products, please
contact ProductSafety@springernature.com

Printed and bound by CPI Group (UK) Ltd, Croydon, CR0 4YY
27/04/2026
02097655-0016